JN304152

う

内田樹　小田嶋隆
平川克美　町山智浩

筑摩書房

本書をコピー、スキャニング等の方法により無許諾で複製することは、法令に規定された場合を除いて禁止されています。請負業者等の第三者によるデジタル化は一切認められていませんので、ご注意ください。

9条どうでしょう【目次】

文庫版のためのまえがき　内田樹　9
まえがきにかえて――「虎の尾アフォーダンス」と「脱臼性の言葉」　内田樹　17
憲法がこのままで何か問題でも？　内田樹　25
自衛隊と憲法の「ねじれ」について／憲法九条と自衛隊の「矛盾」／解離ソリューション／気が狂うことで私たちが得たもの／アメリカという共犯者／「普通の国」になるとはどういうことか／病とともに生きる
改憲したら僕と一緒に兵隊になろう　町山智浩　75
拝啓天皇陛下様／憲法九条は去勢／平和憲法と軍備の両立は珍しくない／ドイツは憲法改正を禁じている！／アメリカ憲法だって押し付け憲法だ／国を愛する義務より国に逆らう権利を／国民と民族は違う／侵略戦争の否定か、軍備か／改憲するなら徴兵を！／日本は全然ダメじゃない／【追記　九条どころじゃなくなったわけで……】

三十六計、九条に如かず　小田嶋隆　133
二〇〇六年、愛国発作を懸念する／国辱の元凶探しを恐れる／嫌われる九条／危険な理屈はどっちだ／憲法の役割って／問題は目指す方向だ／そんなに「普通」になりたいの／新しい国家の条件／極私的九条改正案／【追記　六年の変化など誤差である】
普通の国の寂しい夢――理想と現実が交錯した二十年の意味　平川克美　181
問題はそこにあるのではない／「法」の彼岸で生きる人々と、それを見ている観客／二十年を挟んだ合わせ鏡／リスクを回避するのか、無化するのか／劇場型犯罪と小泉劇場／普通のおばさんと普通の国／憲法に埋め込まれたメッセージ／現実に回収される人々／【追記　二〇〇六年の九条】

9条どうでしょう

第九条　日本国民は、正義と秩序を基調とする国際平和を誠実に希求し、国権の発動たる戦争と、武力による威嚇又は武力の行使は、国際紛争を解決する手段としては、永久にこれを放棄する。

2　前項の目的を達するため、陸海空軍その他の戦力は、これを保持しない。国の交戦権は、これを認めない。

文庫版のためのまえがき

『9条どうでしょう』の単行本は二〇〇六年に毎日新聞社から出された。安倍晋三内閣のとき、教育再生会議主導で「愛国主義教育」が導入され、改憲が政治日程に上ってきたころの話である。

「なんだか世の中が厭な空気になってきたな」と私は思っていた。本書に寄稿した四人は四人ともその空気に同じような「厭な感じ」を覚えていたはずである。

当時毎日新聞社にいた中野葉子さんから、憲法についてのアンソロジーを編みたいのだが、誰に執筆を頼んだらいいか訊ねられた。すでに何人かに寄稿依頼の声をかけていたのだが、それまで「書いてもいいよ」と答えたのは私ひとりだったからである。とりあえず書き手はひとり確保できた。あとは、「そこから芋づる式」に探すか……という話になり、そのとき私の脳裏にこのメンバーの名前が浮かんだ。

平川克美くんが書いてくれることは確かだった。小学校時代以来の友人だし、すでにブログでは改憲について切れ味のいい論考を披瀝《ひれき》していたからである。声を掛けると、すぐにＯＫの返事をくれた。とりあえず、これでふたり。

残りは誰にするか、私の肚は決まっていた。小田嶋隆と町山智浩。このふたりこそ「日本を代表する批評的知性」と私はかねてから高く評価していたからである。

問題が二つあった。

一つは私が彼らふたりともに面識がないこと。だから、「この編者のウチダって、誰？」というリアクションがあった場合には話はそこでおしまいになる。いま一つは、彼らがそれまで政治的な問題について明確な立場を示すことを微妙に避けてきたように見えること。政治に興味がないわけではないはずだけれど、党派的な議論に加わることはしない。そのような方たちに９条についての長文の論考を求めるのである。どう考えても、９条が彼らの食指が動くような論件とは思えない。

それも当然である。

第一に、９条は、半世紀近く論じられ続けてきた手垢のついた政治論件であり、改憲派も護憲派も、倦《う》むことなくひたすら「同じ言葉」を繰り返してきた。賛否いずれであれ、「似たようなこと」を書き添えても、屋上屋を架す紙の無駄にしかならない。

第二に、9条問題で国論は二分されている。ということは、賛否いずれにせよ自説を語ることは、「国民の半分を敵に回す」ということを意味している。

そんなトピックについては書かない方が利口だ、とふつうの人なら考える。だが、小田嶋、町山のふたりは「ふつうの人」ではない。もしかすると、そういうのとはまったく違うリアクションを示してくれるかもしれないと私は思った。

この二つの不利な条件がむしろ彼らの「物書き」としての冒険心をそそるということはないであろうか。

というのは、この二つの条件が要求するのは、それまでこの問題について誰も言ったことがないようなことを書かなければならないということだからである。

そしてきっと、彼らは中途半端に「国民の半分」を敵に回すくらいならいっそ改憲派も護憲派もまとめて怒らせる方が「まだまし」だというふうに考えるのではないであろうか。このふたりが改憲派・護憲派を怒らせるようなことを書いてくれるのであれば、私はそれをぜひ読みたい。版元や編集者や読者のご都合よりも、私はとりあえず自分の願いに忠実になることにした。

「そういうもの」がぜひ読みたいんです。読ませて下さい。

私のこのけなげな思いがあるいはおふたりに以心伝心で伝わったのか、諾否についてかなり不安を抱いていた私のところに、編集者からすぐに「ふたりともOKでした」という連絡があった。おそらくおふたりとも私と平川克美については、「このおじさんたちは根っからの不良だ」ということを瞬時に直感せられたのであろう。

こうして四人の書き手が集まった。

四人に共通するのは、私見によれば、「人を怒らせておいて、その怒り方で相手の器量を判断する」という作法である。誰に教わったわけでも、誰の真似をしたわけでもないのに、私たちは四人ともこの作法の忠実な実践者であった。

単行本のまえがきで私はこのような傾向のことを「虎の尾アフォーダンス」と呼んだが、これはただ単に「人を怒らせるのが好き」というのではなく（のでもあるが）、やはり一個の「知的技巧」と見てよいであろう。

人間は怒り出すときに「馬脚」を現す。「公憤」のかたちを借りて「私憤」を晴らそうとし、「義憤」と称して「怨憤」を正当化する。その様子を見れば人間の器は知れる。器の小さい人間は私的な怒りを「社会正義」の名で偽装し、器の大きい人間は社会的なアンフェアネスや不条理を自分自身の身体の痛みとして感じ取る。「尾」を踏まれて怒り出すのは小人である。器量人は「頭」を踏まれてもにっこり笑う（希望的観測）。第一、私たちに簡単に「頭」を踏まれてしまうようなレベルの人間が「器量人」であるはずはないではないか。

ともあれ、そのような四人が集まって稀代のアンソロジーが完成した。たしか原稿を依頼してから本ができるまで半年もかからなかったように記憶している。改憲の動きが切迫した中だったので、あまりのんびりしてもいられないという気分がひそかに共有されていたかも知れない。その気ぜわしさも、この本の「味」の一つである。

『9条どうでしょう』というタイトルについて一言だけ。

これについては、「ちょっと、それは……」と私は抗議したのである。もちろんタイトルは『水曜どうでしょう』という人気テレビ番組からの借用である。私自身は『水曜どうでしょう』の熱心な視聴者であり、番組制作者たちには深い敬意を寄せていたのであるが、番組への敬意はタイトル借用とは違うかたちで示すべきものではないのかと思われたのである（幸い、その数年後に『水曜どうでしょう』のふたりのディレクターとお会いする機会があり、「番組のファンでした」と直接伝える機会を得たので、「タイトル借用」については多少気持ちが片づいた)。

本が完成し、町山さんが日本に一時帰国したときに日程を合わせて、六本木で出版記念パーティが開かれた。私と平川君はそのときにはじめて共著者ふたりにお会いした。町山さんは『宝島』時代に小田嶋さんの担当編集者だったので、おふたりは旧知の間柄だった。町山さんの走り出したら止まらない暴走トークを小田嶋さんがアクセル踏んだりブレーキ踏んだりするめまぐるしい展開を私と平川くんはなかば口をあけたまま聞いていた。そして、その日から私たち四人は友だちになった。

それ以後、さまざまなかたちで、この四人が組み合わせをかえてコラボレーションを果たしていることはみなさんご案内の通りである。その点でも、この本は寄稿した四人にとって忘れがたい本なのである。

今回、筑摩書房から文庫化されてこの本がまたみなさんの手元に届くようになった。ありがたいことだと思う。生々しい政治的な論件を扱った書き物が、出版後六年経ってまだリーダブルであるというのは、なかなかないことだからである。

たぶんそれは、私たちの書き物の取り柄が「知識」や「速報性」や「バックステージ情報」ではなく、もっと「保ちのよいもの」だったということを意味するからである。それが何かを自分で言うのはちょっと気恥ずかしいので言わないが、ともかく、四人の書き手の四人四様の文体の個性、論理のねじり方、喩え話の選び方、緩急の呼吸といったあたりを読者の皆さんにはお楽しみ頂ければと思う。

「改憲ブーム」に伏流していた「愛国主義」や「好戦的傾向」は続く麻生内閣の倒壊と政権交代によって勢いを失った。でも、消え失せたわけではない。現に、この「まえがき」を書いている二〇一二年の晩夏には、日韓・日中の領土問題をめぐって、「国防強化」とか「弱腰外交」とかいううわずった言葉がまたメディアでは増殖してきている。六年前の「ブーム」の主役たちがいささかのインターバルの後に、再び登場の機会をうかがっているようでもある。もし、そういう点で本書が「今読んでもアクチュアル」な本であるのだとすれば、それは日本人の政治的成熟がこの六年間（東日本大震災と福島原発事故を経由しながらも）ほとんど進まなかったということを意味しているわけで、それを言祝ぐ気にはなれないのである。

編集の労をとってくださったちくま文庫の伊藤大五郎さんには、旧稿を「お蔵出し」して再び日の目を見る機会を与えて下さったことにお礼を申し上げたい。共著者のお三方には今後のますますのご健筆を祈念したいと思う（町山さんが帰国したときに、また四人集まって文庫化祝いができるといいですね）。

二〇一二年八月

内田樹

まえがきにかえて——「虎の尾アフォーダンス」と「脱臼性の言葉」

本書には四人の書き手による憲法論が収録されている。

憲法について論じるというのはかなり気鬱な仕事である。というのも、護憲の立場から語るにせよ、改憲の立場から語るにせよ、一方の党派に与するということは、国民の残り半分を敵に回すことを覚悟しなければならないからである。

しかし、これまでに書かれた無数の「憲法本」にさらに一冊を書き加える以上、「どこかで聞いたような話」の繰り返しをしたくはない。これまでの論者たちとは違う視座からの論考でなければ、手間ひまをかける意味がない。

それは既成の護憲派とも改憲派とも違う「第三の立場」を探り当て、そこからの眺望を語るということであり、いささか大風呂敷を広げて言えば、「護憲・改憲の双方を含めて日本国民を代表する憲法論の可能性を探る」ということである。

気宇壮大だ。

だが、「こちらの言い分もそちらの言い分も私にはよくわかる。そこで、どうかねそれらを弁証法的に止揚したところの私の言い分に従っては……」というような訳知り顔の仲裁役は当事者双方の不信を買って退場を余儀なくされるというのは現代における人事の定型である。

私たちが知る限り、「対立者を含めて国民全体を代表する」という野心をうかつに抱く者は、しばしば「国民全員を敵に回す」という最悪の末路をたどることになる。私とて無駄に半世紀生きてきたわけではないから、世の中がそういう仕組みであることは熟知している。熟知してはいるが、憲法問題（それは同時に自衛隊問題であり、日中・日韓問題であり、日米問題である）についての「ゆるやかな国民的合意」を形成するためには、（どれほど石もて打たれようと）、どこかで戦後六十年間続いた「護憲・改憲」の二元論的スキームから逃れ出なければならないという判断は譲れない。

私たちが本書でめざしたのは、護憲・改憲の二種類の「原理主義」のいずれにも回収されないような憲法論を書くことである。

だが、どういう書き手であればそのような憲法論を書いてくれるだろう。

私は二つ条件を思いついた。

第一は何よりもまず上に書いたように、「国民全員を敵に回すリスク」を取ることができる書き手であること。

「国民全員」というのはあくまで比喩的表現であって、具体的には私たちの仕事場であるメディア業界のことを指す。

たいへん失礼な言い方をさせて頂くけれども、日本のメディアは総じてラディカルな知性を好まない。「国民全員を敵に回す」可能性があるような書きものは、担当編集者がどれほど面白がっても、まず紙面には登場しない。だから、メディアで禄を食んでいるプロの物書きは、あえて圭角を削って、凡庸なふりをすることを職業上要請される。「按ずるに筆は一本也、箸は二本也。衆寡敵せずと知るべし」と斎藤緑雨の言う通り、彼らにも扶養すべき家族があり、来月の家賃があり、車のローンがある。口を糊する渡世上の必要からその舌鋒を鈍らせても、誰がそれを責めることができようか。

だから、そういう書き手にはこの仕事はお願いできない。この憲法論の執筆陣は、「メディアからしばらく干されても構わない」という覚悟を持つことが必要だ。

「しばらく干されても構わない」書き手にも二種類がある。シャーロック・ホームズや明智小五郎のように「恒産」があって遊んで暮らせる人であれば言うことはない。不幸なことに、私たちの後期資本主義社会はそのような「高等遊民」を養うだけの余裕をもう残していない。そこで、「別に定収があるので、メディアから干されても明日のご飯には困らない」というお気楽な書き手と「もともと『わりと干され気味』だったので、今さら失うものはない」という根性のすわった書き手にお集まり願うことにした。

「お気楽な書き手」と「根性のすわった書き手」は外形的にはまるで似ていないが、気質的に通じる点がある。それは安全なオプションよりも危険なオプションを選ぶ傾向である。

人間はそこにドアノブがあると回したくなり、ボールが転がっていると蹴りたくなる。この趨向性のことをジェームズ・ギブソンは「アフォーダンス」と呼んだ。「水平な固い地面」は「歩くこと」をアフォードし、「腰の高さの水平面」は「座ること」をアフォードする。

その語法で言えば、「虎の尾」が「踏むこと」をアフォードする種族がこの世には少数だが存在する。それを口にすると「多くの人が怒りだすことが確実であることば」が脳裏に浮かぶと、それを口にせずにはいられない人々である。

本書には「虎の尾がそこにあると思わず踏みたくなる」方々だけが選択的に集まってしまった。意図したわけではなく、結果的にそうなってしまったのである。

本書の書き手であるための第二の条件は、「思想の力」よりもむしろ「言葉の力」を信じていることである。

「思想の力」と「言葉の力」はどこがどう違うのかと疑問に思われる方もおられるだろう。思想は言葉で紡がれ、言葉は思想によって賦活される。言葉の方が思想よりも「強力」というようなバランスを欠いた知性があってよろしいのか、と。それは単なる言語的暴走に過ぎないのではないか。

たしかに、それが正論である。

だが、独創は思考ではなく言語に宿るというのは私の経験的確信である。

獄舎の扉が外からしか開かないように、私たちを「臆断の檻」から解き放つ言葉は、檻の外からしか到来しない。

知的な人々は私たちが閉じこめられている檻の構造やサイズや鉄骨の材質や強度について、さらには檻の歴史や来歴についても詳細な知識を提供してくれる。けれども、そのような知識をいくら積み重ねても、それだけでは檻の扉は開かない。檻の扉は檻の外からしか開かないからだ。

では、獄舎に閉じこめられた人はどうやって檻から抜け出すのか。西部劇やアクション映画では、主人公は鉄格子の隙間を抜けることのできるもの（「猿」とか「子ども」とか「釣り糸」とか「脱臼しやすい身体」とか）を利用して、壁にかかった鍵束を手に入れる。この映像的意匠はある種の人類学的知見に通じている。

必要なのは「鉄格子の隙間を抜けることのできるもの」である。

たくみな「言葉使い」は、彼の本体を閉じこめている檻の鉄格子の外に言葉だけを逃すことができる。そして、外に出た言葉だけが扉を外から開けることができるのである。

比喩的な表現に終始して申し訳ないが、私が「思考の力よりも言葉の力」ということとで言いたいのはそういう事況のことである。

私たちがいま直面している出口の見えにくい思想的状況の檻から逃れ出るために必要なのは、政治史や外交史についての博識でもなく、「政治的に正しいこと」を述べ続ける綱領的一貫性でもなく、世界平和への誠実な祈念でも、憂国の至情でもない。この硬直したスキームの鉄格子の向こうに抜けられるような流動的な言葉である。

私はそれを「脱臼性の言葉」と呼びたいと思う。

脱臼性の言葉は、関節の外れた、アモルファスな流体となってイデオロギーの鉄格子をすり抜け、抜け出た後に、(『リーサル・ウェポン』においてメル・ギブソンがそうしていたように）壁におのれをたたきつけることで「原状回復」を果たす。

そのような解体と蘇生を繰り返すような言葉を使いこなすことのできる書き手がこのような本のためには必要だ。

「虎の尾アフォーダンス」傾向のある「脱臼性の言葉」の使い手。

これがこの憲法論のために求められる書き手の二つの条件である。

平川克美、小田嶋隆、町山智浩の三人が現代日本においてそのような条件を満たす数少ない書き手であるという私の判断におおかたの読者は同意してくださるだろう。

よくこのような破天荒な企画のためにお集まり下さったものである。毎日新聞社に代わってお礼申し上げたい（毎日に代わってお礼申し上げる資格は私にはないんだけれど）。そういう内田自身はどういう自己評価に基づいて自分を本書の執筆者として適格であると判断したのかというご下問が当然あるだろう。ご心配には及ばない。私が有資格者であることは、この解題の文そのものが雄弁に語っているであろう。

最後になったが、このような豪胆（というより無謀）な企画を通してくださった毎日新聞社の胆力と雅量と、（あまりに）個性的な四人の書き手たちを周旋することで心身をすり減らした編集の中野葉子さんのご尽力に対する心からの謝意を表したい。

二〇〇六年二月十日

内田　樹

憲法がこのままで何か問題でも？

内田 樹

1 自衛隊と憲法の「ねじれ」について

憲法についてこれまでネット上では折に触れて私見を記してきた。言いたいことは数年前から大筋では違っていない。本稿では、これまで私が書いてきた憲法論の趣旨を要約し、現時点での暫定的な見解を述べてみたいと思う。

私の議論は「他の人が言いそうもないこと」を選択的にたどって進むので、読んでいるうちに、「こんな変痴奇な話があるものか」としだいに腹が立ってくる読者も少なくないと思う。本稿の結論はとりわけ多くの方にとって不快なものである可能性が高いので、「私は多少のことでは驚かない」という胆力のある方以外は飛ばし読みされることをあらかじめお薦めしておきたい。

最初に五年ほど前にインターネットのホームページ日記に書いた憲法論から。ここに私の憲法九条と自衛隊に対する基本的な考え方はほぼ尽くされている。

私は九条の改訂には反対である。ただし、私の憲法観はいわゆる護憲派のそれとはだいぶ違う。自衛隊についての考え方も違う。それについて書きたい。

まず最初の確認。法律は、「よいことをさせる」ためではなく、「悪いことをさせない」ために制定されている。私はそう考えている。

経験的に言って、人間はプラスのインセンティヴがあったからといって必ずしも「よいこと」をするわけではないが、ペナルティがなければほとんど必ず「悪いこと」をする。これは自信をもって断言できる。

憲法九条は「戦争をさせないため」に制定されている。なぜなら「人間はほうっておけば必ず戦争をする」からである。これが憲法論議の大前提である。これは護憲、改憲を問わず、どなたにも了解していただける前提だと思う。

とすると、論理的には「では、どうやったら人間に戦争をさせないようにできるか」という問いが次に来る。

「戦力を持たない」というのがいちばん簡単だが、日本はもう戦力を持っている。だとしたら、「戦力をできるだけ使わない」ためにどうするかというふうに考えるのが現実的である。

しかるに、改憲論者たちは九条の第二項「陸海空軍その他の戦力は、これを保持しない。国の交戦権は、これを認めない」を廃して、「日本は陸海空軍を有し、自衛のため、国連安保理事会の議決に従って、武力を行使することができる」というふうに変えたいという。

この改訂の意図はどう考えても「戦争ができるようになりたい」というほかに解釈のしようがない。

というのは、九条をそのように改訂するということは「戦争をしてもよい条件」を実定的に定めるということである。どれほど合理的で厳密な規定であろうとも、「戦争をするためにクリアーすべき条件」を定めた法律は「戦争をしないための法律」ではなく、「戦争をするための法律」である。

例えば刑法一九九条は「殺人罪」を「人を殺した者は、死刑又は無期若しくは五年以上の懲役に処する」と規定しているが、「人を殺してもよい条件」は規定していない。改憲論者のロジックは、「自衛のため又は公共の福祉に適する場合を除き」という限定条件を刑法一九九条に書き加えろと言っているのに似ている。「どういう場合なら殺人をしても罰せられないかをあらかじめ規定しておきましょうよ。だってときには人を殺さなければならない場合だってあるでしょう。除外規定を決めておけば、すっきりした気分で人が殺せるじゃないですか」

そうこの人たちは主張しているのである。

ときには人を殺さなければならない場合があることは事実である。しかし、そのことと「人を殺してもよい条件を確定する」ことのあいだには千里の逕庭《けいてい》がある。

殺人について私たちが知っているのは、「人を殺さなければならない場合がある」という事実と「人を殺してはならない」という禁令が同時に存在しているということである。そして、その二つの両立不可能の要請のあいだに「引き裂かれてあること」が人間の悲劇的宿命であるということである。

矛盾した二つの要請のあいだでふらふらしているのは気分が悪いから、どちらかに片づけてすっきりしたい、話を単純にしてくれないとわからないと彼らは言う。

それは「子ども」の主張である。「武装国家」か「非武装中立国家」かの二者択一しかないというのは「子ども」の論理である。ものごとが単純でないと気持が悪いというのは「子ども」の生理である。

「大人」はそういうことを言わない。

「人を殺さなければならない場合がある」ということと「人を殺してもよい条件を確定する」ことのあいだには論理的関係はない。

なぜなら「人を殺してもよい条件」を確定した瞬間に、「人を殺してはならない」という禁戒は無効化されてしまうからだ。「人を殺してもよい条件」を確定してしまったら、あとは「人を殺したい」場合に「そのためにクリアーすべき条件」を探し出すことだけに人間は頭を使うようになるだろう。人間がそういう度し難い生き物である、ということを忘れてはならない。

「人を殺さなければならない場合がある」というのは現実である。「人を殺してはならない」というのは理念である。この相剋する現実と理念を私たちは同時に引き受け、同時に生きなければならない。

どちらかに片づければすっきりすると政治家たちは言う。だが、「すっきりすること」というのはそんなに重要なことなのだろうか。人間が現に置かれている状況から目を背けてまで、「すっきりする」必要があるのだろうか。

自衛隊は「緊急避難」のための「戦力」である。この原則は現在おおかたの国民によって不文律として承認されており、それで十分であると私は考える。自衛のためであれ、暴力はできるだけ発動したくない、発動した場合でもできるだけ限定的なものにとどめたい。国民のほとんど全員はそう考えている。これを「矛盾している」とか「正統性が認められていない」と文句を言う人は法律の趣旨だけでなく、おそらく「武」というものの本質を知らない人である。

「兵は不祥の器にして、君子の器にあらず。」

これは老子の言葉である。

「兵は不祥の器にして、君子の器にあらず。已むを得ずして而《しか》して之を用うれば、恬淡《てんたん》なるを上と為す。勝って而も美とせず。之を美とする者は、是れ人を殺すことを楽しむなり。夫れ人を殺すことを楽しむ者は、則ち以て志を天下に得べからず。」（第三十一章）

私なりに現代語訳すると老子の言葉はつぎのようになる。

「軍備は不吉な装備であり、志高い人間の用いるものではない。やむをえず軍備を用いるときはその存在が自己目的化しないことを上策とする。軍事的勝利を得ることはすこしも喜ばしいことではない。軍事的勝利を喜ぶ人間は、いわば殺人を快とする人間である。殺人を快とする者が国際社会においてその企図についての支持者を得ることはありえない。」

武力は、「それは汚れたものであるから、決して使ってはいけない」という封印とともにある。それが武の本来的なあり方である。「封印されてある」ことのうちに「武」の本質は存する。「大義名分つきで堂々と使える武力」などというものは老子の定義に照らせば「武力」ではない。ただの「暴力」である。

私は改憲論者より老子の方が知性において勝っていると考えている。それゆえ、その教えに従って、「正統性が認められていない」ことこそが自衛隊の正統性を担保するだろうと考えるのである。

自衛隊はその原理において「戦争ができない軍隊」である。この「戦争をしないはずの軍隊」が莫大な国家予算を費やして近代的な軍事力を備えることに国民があまり反対しないのは、憲法九条の「重し」が利いているからである。憲法九条という「封印」が自衛隊に「武の正統性」を保証しているからである。私はそのように考えている。

改憲論者は憲法九条が自衛隊の正統性を傷つけていると主張している。私はこの主張を退け、逆に憲法九条こそが自衛隊の「武の正統性」を根拠づけていると考えている。

自衛隊は憲法制定とほぼ同時に、憲法と同じくＧＨＱの強い指導のもとに発足した。つまり、この二つの制度は本質的に「双子」なのである。それは、この二つの制度がともにアメリカ合衆国の世界戦略から、より直接的にはＧＨＱの占領政策から生まれたことを考えれば当たり前すぎることである。

憲法九条と自衛隊が矛盾した存在であるのは、「矛盾していること」こそがそもそものはじめから両者に託された政治的機能だからである。憲法九条と自衛隊は相互に排除し合っているのではなく、相補的に支え合っているのである。

歴代の日本の統治者たちは、「憲法九条と自衛隊」この「双子的制度」を受け容れてきた。その間に自衛隊は増強され、世界有数の軍隊になり、目的限定的にアメリカを支援してきたが、それでも「戦争ができない軍隊」であるという本質的な規定は揺るがなかった。私はこれを「武の正統性」が危うく維持されてきた貴重な六十年間だったと評価している。先進国の中で、これほど長期にわたって戦争にコミットしていない国は例外的である。「戦争をしないできた」という事実が戦後日本のみごとな経済成長、効果的な法治、民生の安定を基礎づけてきたという事実を否定できる人間はいないだろう。

憲法九条のリアリティは自衛隊に支えられており、自衛隊の正統性は憲法九条の「封印」によって担保されている。憲法九条と自衛隊がリアルに拮抗している限り、日本は世界でも例外的に安全な国でいられると私は信じている。

おそらく、おおかたの日本国民は口には出さないけれど、私と同じように考えていると私は思う。だからこそ、これまで人々は憲法九条の改訂を拒み、自衛隊の存在を受け容れてきたのである。

2 憲法九条と自衛隊の「矛盾」

五年前のこの論考で私が述べようとしたのは「現実が複雑なときには、単純な政策よりも複雑な政策の方が現実への適応性が高い」というごく当たり前のことである。

私は「話を簡単にする」ということにはあまり（ぜんぜん）興味がない。よくインタビューで、「一言で言えば、どういうことですか」と要約を求める人がいるが、「話を簡単にしたがる人間」は総じて複雑な問題を長時間考察するだけの忍耐力を欠いた方であり、私はそんな人間を相手にしているほど暇ではない。現実が入り組んでいる以上、それを記述する言葉がそれに準じて入り組むことは避けがたいのである。

最初に外交の基本は「リスク・ヘッジ」であるということから確認しておきたい。「リスク・ヘッジ」というのは語源的には「丁半バクチで丁半の両方の目に賭ける」ことである。「丁半両方の目に張ったら、バクチにならないじゃないか」と思われる方もいるだろう。けれども、外交の要諦は「バクチをする」ことではない。国益を損なうリスクをできる限り排除することである。そして、経験が教えてくれるのは、たいていの場合、話を簡単にするよりは話を複雑にする方が、プレイヤーの数を減らすよりは増やす方がより確実にリスクはヘッジできるということである。

政治・外交の話をするときに優先的に配慮すべきは綱領的に整合的な理論を語ることでもなく、「政治的に正しい」言葉を語ることでもなく、イデオロギー的確信や、憂国の至情を正直に吐露することでもない。どうすれば、日本が生き延びる上で遭遇するリスクをコントロールし、マネージし、ヘッジすることができるかという問いについてクールに考えることである。

私にこの当たり前のことを教えてくれたのは、ほかならぬアメリカの対日戦略であった。その話から始める。

占領軍総司令部（GHQ）は占領政策の論理的整合性や倫理性についてはほとんど顧慮しなかった。彼らが最優先したのは、「アメリカにとってのリスク」をどうやって最小化するか、ただそれだけである。対日戦略はそのクールな計算の上に構築されたのである。私たちが憲法九条と自衛隊について考えるときにまず頭に入れておかなければならないのは、これはアメリカがルールを決めて始めたゲームだということである。

長く厳しい戦争に、（戦略上は不必要な）二発の原爆と「無条件降伏」というカードで「完全勝利」を確認した後、アメリカがまず行ったのは彼我の圧倒的な力の差を誇示してみせることだった。アメリカはまず日本人に「祖国が完全に従属的地位に落ちたという実感」[*1]を骨の髄までしみ入らせるところから始めたのである。

日本政府が連合国九カ国との降伏文書に調印した日、戦艦ミズーリにはペリー提督の旗艦ポーハタン号が掲げていた星三十一個の星条旗が積載されていた。「砲艦外交」から百年を経て、アメリカ人は「誰が主人か」を日本人に思い知らせるために、この象徴的な小道具を持参することを忘れなかったのである。調印式のとき、東京湾には米軍軍艦が満ち溢れ、海軍航空機一五〇〇機に護衛されて威嚇的に低空飛行するB29四〇〇機によって空は埋め尽くされた。このきわめて「演劇的」な舞台装置のねらいは主に心理的なものだったと思われる。完全な敗北感のうちに日本人を叩き込み、二度とアメリカと戦うというような無謀な夢を抱かないまでに「去勢」すること。

調印の十日後、九月十二日の記者会見でマッカーサーは「日本はこの戦争の結果、四等国に転落した、日本が再び世界的強国として登場することは不可能である」と断言した。これは五一年に上院軍事外交委員会で述べた日本人の精神年齢は「十二歳」という評言とともに、日本人の深層にトラウマ的ストレスとして刻み込まれた言葉である。

アメリカの占領政策の最優先課題が「日本というリスク」を最小化すること、日本を軍事的に無害化することにあった以上、まず最初に、二度と反抗する気にならないほどに心理的に打ちのめそうとしたことは当然の選択であった。

占領政策が抑圧的であった事実をとらえて、これを「不当」であるとか「非道」であるとか「民主的でない」とか言う人がいるが、今さらそんなことを言っても仕方がない。仮に日本が太平洋戦争に勝利してアメリカを占領したとき、日本の占領軍はアメリカが日本を占領したときよりずっと人道的で非抑圧的な仕方でアメリカを統治したであろうということが仮説的にでも主張できない限り、そんなことは言っても始まらない（言ってもいいけれど、誰もまともに取り合ってはくれない）。戦前戦中の本国における特高や憲兵の横暴を思うならば、日本における以上に苛烈な仕方でアメリカのリベラル派や左翼やナショナリストは迫害されたであろうし、もちろん言論や出版は厳しい検閲を受けたはずである。自分がその立場になったらしそうなことを他人が自分に対してした場合に、「人倫に悖《もと》る」と泣訴して見せても仕方がない。

財閥解体・農地改革・婦人参政権といった一連の民主化政策によってアメリカは権力と財貨と情報を集中的に占有してきた支配階級を解体した。これはたいへん「よいこと」だとされているけれど、戦略的な見方をすれば、ステイクホルダーの数を増やして、挙国一致的なデシジョン・メイキングにたいへんな手間ひまがかかる非効率的な統治システムを作ることに成功したということである。

「平和憲法」を制定した後、大日本帝国に代わってアメリカの主敵となったソ連中国社会主義圏との覇権闘争に備えて、アメリカは「後方支援部隊」として日本軍を目的限定的に再建することを決定した。朝鮮戦争当時の国際情勢からすれば、アメリカにとっては合理的な選択である。

しかし、発令者であるアメリカからすれば戦略的に何の矛盾もないこの二つの制度の並立を、日本人は矛盾として受け取った。

厳密には、矛盾として受け取るという病態を選択した。

たしかに形式的に見れば、憲法九条は「戦争をするな」という命令であり、自衛隊は「戦争を手助けしろ」という命令である。それを「矛盾」として聴き取るということは形式的には可能である。その結果、一方に「戦争をするな」という命令だけを専一的に聴き取ることを選んだ人々が登場した（いわゆる護憲派がそれである）。他方には、「戦争の手助けをしろ」という命令だけを専一的に選んだ人々が登場した（いわゆる改憲派がそれである）。日本人たちは同一の発令者から出た二つの命令のうちの一方だけを選択的に聴くという仕方で「二極化」することになったのである。

この二極化は必ずしも妄想的なものではない。現に、GHQ内部にも、戦後日本を平和主義的に再建する仕事のうち彼らなりの理想の実現を求めたケーディスたちニューディーラーのGS（民政局）と、アメリカの軍事的利害をクールに優先させるウィロビーのG2（参謀第二部）の対立があった。その対立は護憲派と改憲派の対立に似ていなくもない。けれども、アメリカの占領戦略の全体から見れば、この対立も日本の無害化と再利用によるアメリカの国益の追求という目的については少しも矛盾していない。現に、日本に憲法九条と自衛隊を同時に与えることによって、アメリカは「もっとも好都合な同盟国」を一つ手に入れたのだから。

「与えた側」から見ると首尾一貫したこの戦略を、「与えられた側」は両立しがたく矛盾したものとして受け止め、二つの命令のそれぞれ一つだけを選択的に聴き取る「二つの日本」に分裂してみせた。

なぜそのような不自然な行動を日本人はとったのか？

岸田秀はかつて日本人のこのような人格分裂を近代日本の「外的自己」と「内的自己」という術語で示したことがある。

岸田によれば、ペリーの来航によって屈辱的な開国を強いられたときに、日本の集合的自我は危機に遭遇した。そして、人格分裂によってこのトラウマ的体験を処理しようとした。一方の極に、日本の軍事的・政治的劣位を事実として認めて、欧米先進国の文物を取り入れて、彼らに仲間入りしようとする「外的自己」を、他方の極に、尊皇攘夷イデオロギーを引き継ぎ、日本こそ欧米諸国に霊的に冠絶する「神州」であるべきだと信じ込む「内的自己」を置いたのである。

徳川幕府や薩長両藩の幕末における攘夷・開国政策のダッチロールや近代日本における欧化政策と国粋主義の相補的共存という歴史的事実から推して、おそらく日本は幕末に「多重人格」という病態を発現して危機を回避しえたことを記憶しており、それ以後も、そのつどの外的状況に合わせてとりあえずより葛藤の少ない「人格」が表面に出るというかたちで心理的危機を回避するという機制になじんできたのである。

私は岸田のこの考想は近代日本の心理的歴程を説明する上できわめて有効なものだと思っている。

ペリーの砲艦外交による強制的な開国のときに日本人が味わった心理的危機とほとんど同質の危機が、一九四五年の敗戦とアメリカ軍による占領のときに訪れる（アメリカ人たちもその二つが日本人にとって「同質の危機」であることを熟知していた。そうでなければ、アナポリスの海軍士官学校の収蔵品だったペリー提督の星条旗を飛行機で急送させたりするはずがない）。

だから、その「同質の危機」に際会した日本人が「前はこれでなんとかやりとげた」ソリューションをほとんど自動的に選択したというのは少しも不合理的なことではない。

日本はこのとき、もう一度、「欧化・開明化」を志向する「外的自己」と、「神州不滅」の妄想を育む「内的自己」に分裂してみせた。そして、戦後日本の場合の特徴は、この分裂が、憲法九条と自衛隊のどちらをこの先「日本人のよりどころ」とすべきかという政策的分岐と対応していたという点にある。「平和の理想」を語る護憲派は日本の「外的自己」である。「普通の国の普通の軍隊」を持ちたいと願う改憲派は日本の「内的自己」である。五五年体制というのは、外的自己と内的自己の人格分裂そのものを制度化したものである。

加藤典洋は『敗戦後論』で、岸田の考想をふまえて、こう書いている。

「わたしの考えをいえば、戦後というこの時代の本質は、そこで日本という社会がいわば人格的に二つに分裂していることにある。

ここで人格的な分裂と断るのは、たとえば米国における民主党と共和党、イギリスにおける保守党と労働党の併立、というような事態を指して、わたし達は国論の二分というが、日本における保守と革新の対立を、これと同様に見ることはできないからである。

わたしはその違いを、比喩的に、前者においては、二つの異なる人格間の対立であるものが、後者においては、一つの人格の分裂になっている、といっておきたい。簡単にいうなら、日本の社会で改憲派と護憲派、保守と革新という対立を支えているのは、いわばジキル博士とハイド氏といったそれぞれ分裂した二つの人格の片われの表現態にほかならないのである。」[*2]

人格分裂が起きるのは、日本人が、憲法九条と自衛隊を同時に包摂しうるようなゆるやかで無矛盾的な「統合的人格」を構築するという選択肢を拒否し、この二つをあえて葛藤させたからである。

ただし、この葛藤を日本人が主体的に選びとったという事実は「病者」自身には意識化されなかった。

戦後の日本人は憲法九条と自衛隊の「不整合」に苦しんできたという言葉づかいに私たちは今まで慣れ親しんでいる。この点については、護憲派改憲派を問わず論者たちはみごとに一致している。

憲法九条の法理と自衛隊の現実のあいだには埋めがたい乖離があり、これを放置しておくことはできないという話型を彼らは共有している。

その「事実」認定の後に「だから、九条を改定せよ」という言葉を続けるか、「自衛隊を縮小せよ」という言葉を続けるかの違いはあるけれど、九条という法典と自衛隊という現実のあいだには「乖離がある」という理解を彼らは共有している。

だが、「憲法九条と自衛隊のあいだには何の矛盾もない」という前提から出発する議論はありえなかったのだろうか？　そもそも、そのような前提の妥当性を検証する議論を戦後の日本人はしたことがあったのだろうか？

私の知る限り、そのようなことを論じた人はいない。

「どうしてある出来事が起き、別の出来事は起こらなかったのか？」こう問うことが重要な推理術であることをミシェル・フーコーとシャーロック・ホームズは私たちに教えている。私も先賢の驥尾《きび》に附してこう問うてみたいと思う。

どうして、人々は「憲法九条と自衛隊は両立しがたく対立している」という前提を採用して六十年間解決不能の葛藤を維持し続けることを選び、「憲法九条と自衛隊は無矛盾的に両立している」という前提に立って、二つの制度の相補的共存のあり方について考察するという道を採らなかったのか？

3　解離ソリューション

私がさきほどから繰り返し指摘しているのは、「憲法九条と自衛隊は占領者アメリカ人の視点から見ると、まったく無矛盾的である」ということである。その程度のことは通常の想像力を備えた日本人には難なく理解可能のはずである。にもかかわらず、私たちはそこから出発しようとしなかった。そこから出発するよりはむしろ人格分裂という病態をとることを選んだ。

人間は単に精神を病むわけではない。そこに何らかの「疾病利得」がなければ、人間は無動機的に精神を病むことはない。人格解離は重篤な病症だけれど、それによって当人はとりあえず自分の中に渦巻く複数の衝動や欲望を「統合する」という手間ひまをかけずにすむ。

幼女を拉致殺害したペルー人がいた。彼は「そのとき私の中に悪魔が入り込み、気づいたら目の前に死体があった」という供述をしている。先日死刑判決を受けた宮崎勤は「ネズミオトコが私の中に入り込み……」という同じような話型によって殺人の瞬間については記憶がないと無罪を主張した。彼らが無罪になる可能性はないが、罪を外部から侵入した「邪悪なもの」に押しつけて、自分自身の罪深さと直面する心理的負荷を回避することはできた。これは一つの疾病利得に数えてよい。

日本人は「内的自己」と「外的自己」、改憲派と護憲派に人格解離することによって疾病利益を得るという道を選んだ。私はそう考えている。

日本人は憲法九条と自衛隊を同時に与えられたときに、その二つを統合する包括的な人格を形成するという「健常な」ソリューションを採らず、あえて人格解離という「病的」ソリューションを選んだ。その理由は少し考えれば誰にでもわかることである。

憲法九条と自衛隊はアメリカが日本を「従属国化」するために採択した政略である。その点についてアメリカ政府の施策は無矛盾的である。このアメリカの政略の首尾一貫性に対応するかたちで日本政府が首尾一貫する政略を立てるとしたら、それは「従者としての安全と幸福のうちに生きる」というものでしかない。憲法九条に象徴されるすべての「無害化」政策を甘受し、「アメリカにとって無害であること」をみずからの喜びとするような国となること。それと同時に自衛隊に表象される軍事的「従者化」政策を受け容れ、「アメリカにとって有用であること」をみずからの喜びとするような国になること。そのような「奴僕国家」であることを戦後日本のアイデンティティとしてまっすぐに受け止めれば、とりあえず戦後日本の人格解離は生じなかったはずである。「奴僕」の立場に甘んじる限り、憲法九条と自衛隊の間には何の矛盾もないからである。

だが敗戦日本の人々は「奴僕国家」として「正気」であることよりも、「人格分裂国家」として「狂気」を病むことを選んだ。私はこの選択がそれなりに合理的なものであったのではないかと思う。そのことについて吟味したいと思う。というのは、私自身が一九四五年に今の年齢だったら、正気の「奴僕国家」であるよりは、「人格分裂国家」である道を選んだような気がするからである。

狂うことは一つの「ソリューション」である。それはほとんどの場合、問題の先送りしかできない。しかし、問題を先送りすることはできる。

例えば、「ひきこもり」は一つのソリューションである。「ひきこもった」青年たちは「学校はどうするのか」、「就職はどうするのか」、「結婚はどうするのか」といった問題にとりあえず直面しないですむ。いずれ彼らを保護している親たちが死んだときにはいやでも直面せざるを得ない現実の問題があるにせよ、とりあえず問題を一日延ばしにすることはできる。

ベネフィットがなければ、人は病まない。日本人はこの人格分裂を病むことによってどんな利益を得たのか？

人格分裂がもたらした疾病利得は、日本にとって真の問題は内政問題であって、外交問題ではないという信憑を定着化させたことである。それは「ひきこもり」青年にとって、当面の問題は彼にうるさく干渉する「親との葛藤」をどう調整するかに限定されていて、「家の外の世界」と彼との葛藤の問題はとりあえず「棚上げ」されている状態に似ている。

私たちは直視したくない現実的な出来事に対処するときに、真の問題は「外から」到来したトラブルではなく、「内輪」のトラブルであるというかたちで問題を回避しようとする。それはティーショットで空振りをしたゴルファーが自分のスコアの心配をするより先に、ゴルフクラブを叩き折るさまに似ている。あるいは自分の子どもがよその人を突き飛ばしたときに、相手には目もくれず、「注意して歩けっていつも言ってるだろ」と子どもを叩く親にも似ている。彼らのふるまいは同型的である。主たる葛藤は「私たち」と外部にいる「彼ら」との間に発生しているのではなく、あくまで「内輪の問題」なのだ。だから、彼らは真の問題が「私たち」と「彼ら」の間で発生しているにもかかわらず、「私たちだけの問題」に意識を集中させる。私たちの社会がうまくゆかないことの主因は他者との葛藤にあるのではなく、ドメスティックな葛藤にある。これは「身内の喧嘩」なのだ。そうであれば、お互いに好き勝手なことを怒鳴り合っていればよい。何が起きたのか事実関係の確認をする必要もないし、責任を問う必要もないし、反省する必要もない。だって、身内なんだから。

私たちは「そういうソリューション」を採択したのである。

憲法九条と自衛隊はそれぞれ「家の外から」持ち込まれた制度である。だが、その事実を日本人はできるだけ意識しないようにしてきた。

護憲派によれば、憲法九条は「押しつけられたもの」ではなく、不戦を誓約し、戦争責任を引き受ける日本人の倫理的覚悟に基礎づけられたものであり、日本人がみずからにふさわしいものとして主体的に選び取った世界に誇ることのできる知的・道徳的達成として観念されている。改憲派によれば、自衛隊は日本人が主体的に統率している「普通の国」の「普通の軍隊」であるのだが、たまたま憲法九条という「普通でない」制約があるせいで、その本来的機能を発揮する機会を奪われている。しかし、実際には、彼らはいずれも憲法九条も自衛隊もアメリカの従属国化の政略の一環であることを知っている。知っているけれど、自分がそれを知っていることを知りたくないだけである。

それはイタリア人が自分たちの祖先がイエス・キリストを殺したということを「知っているけれど、知っていることを知りたくない」事情とよく似ている。四つの福音書はいずれもイエスに十字架刑を宣告したのがローマ総督ポンティウス・ピラトゥスであること、死刑を執行したのがローマ兵であるという記述において一致している。けれども敬虔なカトリックであるイタリア人たちは、新約聖書を読むとき、自分たちがそのパッセージだけを選択的に読み飛ばしていることはできるだけ意識化しないように努めている。

私はもちろんイタリア人の選択的な健忘症を倫理的に責める権利が自分たちにあるとは思っていない。誰でも同じことをしている。自分たちの国民的共同体の恥ずべき過去については、「知っているけれど、知っているということを知りたくない」という病態と無縁の国民国家など世界には一つも存在しない。

先般、安保理の日本の常任理事国入りに反対した国の多くが、「日本が常任理事国になるということはアメリカの票が一票増えるだけのことだ」ということを理由に挙げた。私の知る限り、この指摘に対して、「いや、日本は常任理事国になったら、議題によってはしばしばアメリカに反対票を投じるであろう」という見通しを語った政治家や外交官はひとりもいなかった。現に日本は「そのような国」として世界中から見られている。そして、日本人は「そのような国」として見られていることを「知っているけれど、知っていることを知りたくない」のである。

日本は戦争に負けた。そして、そのときの日本にはアメリカの従属国となる以外に生き延びる選択肢がなかった。別に傍点を付してまで強調するほどのことはないのだけれど、私たちはこの始点的条件を絶えず勘定に入れ忘れる傾向があるので、ここに大書しておくのである。

4　気が狂うことで私たちが得たもの

憲法九条と自衛隊が何の矛盾もなく共存している国、つまり、アメリカにとって軍事的に無害でありかつ有用である国とは定義上「アメリカの従属国」以外にありえない。敗戦後の日本人たちは、この「ありのままの事実」から国民的規模で目を背けた。葛藤はここから始まる。

「ありのままの事実」がどれほど不快であれ恐るべきものであれ、それを直視して、適切な対処法を吟味している限り、人間は「正常」でいられる。だが、「アメリカの従属国」としてしか生きられないという耐え難い心理的負荷を逃れるために、日本人は日米間のすでに解決済みの葛藤を憲法九条と自衛隊の両立不能性という解決不能の内的葛藤に書き換えたのである。

憲法九条と自衛隊は矛盾していない。だから、それを「矛盾している」とする前提を採用する限り、この問題には解がない。日本人は「解のない問題を考え続ける」という仕方で、現実に直面するという気の重い仕事を無限に先送りすることにしたのである。

それが「五五年体制」と呼ばれるものである。一方に自民党＝保守があり、他方に社会党共産党＝革新があり、この非妥協的な対立のうちに日本がうまくゆかないことのすべての原因がある。私たちはそう自分に言い聞かせてきた。

五五年体制が破綻したあともこの説話原型は変わっていない。二大政党制が根づかないことのうちに日本がうまくゆかないことの原因がある、父権制イデオロギーが払拭されないことのうちに日本がうまくゆかないことの原因がある、グローバリゼーションと市場原理に「抵抗する」勢力がいることのうちに日本がうまくゆかないことの原因がある……これらはすべて国内的なファクターの間の矛盾と対立のうちに日本がうまくゆかないことのすべての原因があるという文型を共有している。

私たちがこれほどまでに同一の文型で語ることに固執するのは、「日本の国内的矛盾のうちに日本がうまくゆかないことのすべての原因がある」という発想そのもののうちに日本がうまくゆかないことの真の原因があるという真実から目をそらしたいからなのである。

日本の政治がこんなふうなのも、教育や家庭がうまく機能しないのも、少年犯罪が多発するのも、ニートが増えるのも、少子化が進むのも……すべては「両立しえないものを両立させてきた」日本人の自己欺瞞の「ツケ」なのだという説明に、日本のメディア知識人の過半は同意署名するだろう。私はこの説明には同意しないけれど、この説明の仕方を採択することについて日本人が暗黙の合意に達しているということについては同意する。

日本社会が深く病んでいることを私は知識人諸家とともに喜んで認める。しかし、その解決は憲法九条を護持して自衛隊を廃止することによっても、あるいは憲法九条を廃止して交戦権を確保することによっても、そのいずれによっても果たされないだろうと思っている。

私はむしろこの病に向き合い、その病とともに生きるというあり方を日本人が選びうる最適なソリューションとして提示したいと思う。

憲法九条と自衛隊という「両立しがたいもの」を「両立させる」ために、戦後六十年間、日本人はあれこれの理屈を考え出してきた。この「あれこれ理屈を考えてきた」日本人の思いを私は可憐だと思う。戦後日本人（私たち自身も含めて）の可憐な努力を弊履のごとく捨て去ることに私は反対である。主観的意図においてはそれぞれ異なるけれど、それらは結果的に「病とともに生きる」ための工夫であったという点では変わらないと思うからである。

吉田茂の「軽武装」政策も池田勇人の「所得倍増」政策も田中角栄の「日中友好」政策も小泉純一郎の「日米のパートナーシップ」政策も、あるいは悪名高い「靖国参拝」もアメリカの従属国として生きる他ないというトラウマ的ストレスがもたらす毒性の強い自己嫌悪から逃れるために選択されたものだ。私はそう思っている。

以前から何度も指摘していることだが、小泉首相の靖国参拝にまっさきに抗議すべきなのは中国や韓国の政府ではなく、アメリカ政府でなければならない。なぜなら、「A級戦犯」とは彼らがアメリカの三十万将兵の死の責任者として自ら東京裁判で名指しした人々だからである。だが、首相の靖国参拝が「軍事同盟国」であるアメリカ市民にとってきわめて不快な政治的ふるまいとして解釈される可能性について日本人は誰も吟味しようとしない。

改憲派の人々の多くはナショナリストであり、国旗掲揚・国歌斉唱をあらゆる公的な場所において実施することは彼らの夢である。そして、彼ら自身はそれを特に中国や韓国に対するナショナル・アイデンティティの誇示だと理解している。だが、近代史上、日本人が国旗を掲揚し、国歌を斉唱することを禁じることを望み、禁じることができたのはひとりGHQのみである（一九四八年に国旗掲揚の禁令を犯したある日本人は重労働六カ月を科せられた）。

あまり指摘されないことだが、日本人はアメリカ人を怒らせることについてはきわめて勤勉なのである。しかし、多くの日本人は「日本人は必要以上にアメリカに迎合している」とはいつも考えているが、「必要以上にアメリカ人を怒らせている」という可能性についてはたぶん一度も考えたことがない。それもまた日米関係には「何の重要な問題も存在しない」という非現実的な前提を採択してしまったことの症状の一つに数えておかなければならないだろう。

そこまで勘定に入れた上で言うのだが、私はこれらの症状を「根治」しなければならないとは考えない。私たちが手に入れることができるのは「根治」ではなく、せいぜい「症状の寛解」である。さしあたりはそれで十分だろうと私は思っている。ただ、私たちは戦後日本の始点に置かれた「解離ソリューション」と、それを病むことによって疾病利得を得てきたという事実をもう意識化してもよい時期に来たのではないかと思う。なぜなら、「問題に直面することを先送りする」というかたちで十分以上の疾病利得を間違いなく日本人は獲得したように私には思われるからである。もちろん、「先送りすること」は「問題を解決すること」ではない。しかし、先送りして時間を稼いでいる間に外的状況が変わり、問題のありようが変わるということはありうる。

日本人は戦後六十年間の平和と繁栄という実績と、その間外国のどこの土地でも日本の軍隊が外国人を殺さなかったという実績を世界に示した。これは否定しがたい「実績」である。初発の動機がどれほど利己的で卑屈なものであったにせよ、その実績は「六十年間問題を先送りしてきたことの成果」として世界に向かって誇ってよいのではないかと私は思っている。

日本人が今まず行うべきことは、「問題の先送り」という疾病利得を得ることの代償に、憲法九条と自衛隊の無矛盾的並立を矛盾として苦しみ、それでもなお生きながらえてきたという動かしがたい事実を世界に告げることだと私は思うのである。「六十年間問題を先送りして、生きながらえる」というたしかな見通しを一九四五年の日本人が持っていたとは思わない。彼らはとりあえずの平和と法治と民生の安定以上のものを望んではいなかっただろう。しかし、正気で「奴僕国家」という毒性の強い国民的アイデンティティを引き受けた場合には、その程度の政治的成果さえ果たし得ないと、当時の日本人は予測したのではないか。

5 アメリカという共犯者

そして、この日本人の自己欺瞞にはアメリカ占領軍も深くコミットしていたように私には思われる。

占領軍による略奪やレイプは、激しい殲滅戦の直後であったにもかかわらず、限定的なものにとどまった。少なくとも、ほとんどの日本人は占領者による犯罪についてはそれが限定的なものにとどまったと信じることができた。一つにはアメリカ人の犯罪は一切報道してはならないという指示がGHQからなされていたからであり、一つには、占領軍を構成していたのが、日本軍と交戦経験のあるアメリカのベテラン兵士たち(彼らは日本人にたっぷり「貸しがあった」)ではなく、本土から呼び寄せられた戦闘経験のない新兵たちであったからである。

メディアはまたGHQの政策に対する一切の批判を禁じられていた。そもそも「マスメディアがこうした規制のもとで活動していることを取り上げるのも認められなかった」[*3]。検閲しているという事実そのものが検閲されていたのである。左翼政治運動に対する統制も、正面からの軍事的・強圧的なかたちを避け、謀略的な仕方で行われた。戦後の一時期に集中した組合活動家を標的とした一連の謀略（下山事件、三鷹事件、松川事件など）が、ＧＨＱの意向に添うかたちで展開していたことに疑念の余地はない。

問題はこのような隠微な占領政策が非人道的であるということではない。占領政策が現実に非人道的であったにせよ、非人道的な占領政策をしていないと日本人に信じさせようとしていたということの方がむしろ重要なのだ。

アメリカの圧倒的な支配力からすれば、検閲している事実を秘匿することや、共産党員の排除を謀略的な仕方で行うことはもとより不要の手間ひまである。占領政策に反対する言論は頭ごなしに封殺し、反対する政治勢力はこれを厳罰に処すと周知徹底させればすむことである。しかし、アメリカはそうしなかった。

それは日本人に「従属国の国民」という現実を直視させないことがアメリカの占領政策にとって適切であると彼らが判断したからであるように私には思われる。

もし、このときアメリカ占領軍が日本人に必要以上の屈辱を強い、財貨も文化も民族的誇りも本気で根こそぎにしようとしたら、どうなっていただろうか。追いつめられた日本人の一部が絶望的な「対米戦争」を始める可能性はゼロではなかっただろう。そして、一九四〇～五〇年代に「アメリカを相手に戦う」という願望は、「国際共産主義運動に連帯する」というかなり現実性の高い選択肢にまっすぐにつながっていた。全国的規模に達した一九六〇年の安保闘争は、国内的な政治対立という表象的な迂回をしているけれども、心情的には紛れもなく反米＝独立闘争であった。

日本人が「従属国民」の現実に直面することが何らかのかたちでの反米闘争を結果することを、アメリカの占領当局は当然ながら恐れたはずである。だから、日本人に「お前たちは奴僕だ」ということを絶えず意識化させるというのは、アメリカの世界戦略上できれば回避したいことだったのである。むしろ、日本人が自分たちは自主独立の国民であると主観的には妄想していながら、客観的にはアメリカの従属国として機能してくれるのであれば、それこそはアメリカにとってまさにベストの占領形態だったのである（今日のイラクやアフガニスタンにそのような症状が発症してくれることをアメリカはどれほど切望しているであろう）。両者の利害はここで一致した。

だから、もし私が敗戦直後に今の年齢であり、そのとき同世代の知識人たちが「日本人はこれからアメリカの奴僕として生きるしかないのだ。その事実をありのままに受け容れるところから出発しよう」と主張したら、私はたぶんそれに反対しただろう。それは敗戦直後にあっては、利よりも害の多い選択だと思われたはずだからである。アメリカ占領当局が（決定的な力の差を誇示して日本人にトラウマ的ストレスを与えた後は）あえて「主人風」をふかすことを自制しているならば、日本が「奴僕」の現実をすすんで引き受けることもない。むしろ、日本のシステムがうまくゆかないのは日本国内のドメスティックな矛盾が片づかないせいであって、すべては日本国内の矛盾が解決すれば解決するという妄想にすすんで加担すべきだ。そう考えることが敗戦後の日本人にとってはベストの選択だっただろう。私はそう考えたのではないかと思う。

6　「普通の国」になるとはどういうことか

私が今改憲を呼号する人々に共感できないのは、彼らが戦後六十年の疾病利得を過小評価していることを不安に思うからである。日本人は現実から目を背けることによって病みつつ生きながらえた。その事実は決して軽んじるべきではない。

憲法九条を廃止するという運動を推進している人々は、「改憲した後」のことをどれくらい真剣に考慮しているのだろうか。

おそらく何も考えていないだろう。

仮に改憲案が衆参両院の三分の二の発議で、国民投票にかけられ、過半数の支持を得た場合、私たちは六十年間の夢から半分だけ醒めることになる。だが、改憲派の諸君には目覚めたあとの耐え難い現実を直視する覚悟があるのだろうか。

憲法九条が廃止されるということは、これまで私たちが「普通の国」の「普通の軍隊」を持つことができなかったのはすべて憲法九条の制約のせいだという「言い逃れ」がもう使えなくなるということである。だが、現実には、憲法九条を廃止しても、軍事をめぐる事情は今と少しも変わらない。憲法九条を廃絶したその後も、依然として自衛隊の軍事行動は一から十まで米軍の許諾を得てしか行われない。アメリカは日本の主体的軍事行動を決して許さない。

アメリカは九条の廃止を黙認するだろうが、その引き替えに、日本の国防予算の増額と、その過半をアメリカ製の高額な兵器の定期的かつ大量の購入に充当することを日本に要求するだろう（あの「年次改革要望書」によって）。これまでのような「後方支援」の代わりに、アメリカが始めた戦争の前線に駆り出して「戦死する権利」も自衛隊員たちのために確保してくれるかもしれない。もっとも無意味な戦争のもっとも無意味な作戦のもっとも兵員消耗の多そうな戦場になら、自衛隊の派兵を提案してくれるだろう。

それが改憲のあとに日本人が直面するはずの現実である。

そのとき、「憲法九条さえなくなれば、日本は誇り高い自主防衛の国になれる」という六十年間嘘だとわかりながら自分にむかって告げ続けてきた嘘の決着をつけることを日本人は求められることになる。「普通の国」になったはずのまさにそのときに、アメリカの「従属国」であるという否定しがたい事実に直面するだけの心理的成熟を日本人は果たしていると言えるだろうか。

私は懐疑的である。

「普通の国」になりたいという改憲派の祈りを私は軽視するつもりはない。けれども、彼らが求めるものは改憲によっては達成できないという見通しは告げなければならない。

「普通の国」になるというのは、「奴僕の国」であることを止めるということである。日本の場合、「普通の国」であるための論理的条件とは、アメリカを含むすべての国と戦争をしたいときには戦争することができる権利を留保することである。

だから、「普通の国」となった日本にとって最初の政治日程は、日米安保条約の廃棄と、駐留米軍基地の返還要請と、核兵器開発になるはずである。九条を棄てた後も、日米安保は堅持されるし、米軍基地もそのまま置かれるし、核開発などもってのほかと言うのなら、日本の「従属国」的本質は改憲によって少しも変わらなかったことになる。

それは、「普通の国」になれないということと憲法九条の存在の間には論理的な関係がないということを意味している。

私はむしろ「普通の国」になるチャンスは憲法九条を維持している場合の方が高いのではないかと考えている。それは次のような理路による。少し前のブログ日記に書いた文章を採録しておく。最近、ゼミで改憲問題が論じられたときに書いたものである。

九条改憲問題については、これまでずいぶん書いてきたけれど、どうもゼミ生諸君の中にはブログ上の私の憲法論議を熟読玩味された方はあまりおられないようである。仕方がないので、超高速で私の改憲についての意見を申し上げる。興味深かったのは「改憲賛成」だった学生諸君が一様に「改憲しないと、外国が侵略してきたときに対応できない」という改憲派の議論を論拠としていたことである。

「どこが侵略してくるの？」と訊いてみる。

みなさん一瞬ためらってから「北朝鮮」と答える。

「北朝鮮が日本に攻めてくると困るので、九条を改定して、交戦権を確保しておく方がいい」というロジックがひろく普及しているらしい。

たしかに北朝鮮が攻めてくるようなことがあると、とても困る。

私も困るし、あなたも困るし、たぶんキム・ジョンイルも困る。

「みんなが困る」ような外交的オプションは選択される確率が低い。

だから心配するには及ばないと申し上げる。

日米安保条約というものがある。

そこにはこう記してある。

「各締約国は、日本国の施政の下にある領域における、いずれか一方に対する武力攻撃が、自国の平和及び安全を危うくするものであることを認め、自国の憲法上の規定及び手続に従つて共通の危険に対処するように行動することを宣言する」

常識的に解釈すると、これは日本に北朝鮮が攻めてきたら自動的にアメリカ軍が「共通の危機に対処するように行動する」ということを意味している。条約締結国の一方に他国軍が攻め込んできたときに発動しないような安全保障条約は「安全保障条約」とは呼ばれない。

「空文」である。

「憲法九条は空文である」ということを改憲派の諸君はよくいわれるが、「日米安保条約は空文である」と主張することのある人がおられることを寡聞にして知らない。ということは改憲派の諸君は、国難のときに安保条約は機能すると考えているということである。

だが、そうだとすると、その上で「北朝鮮が攻めてきたら、九条を改定していないと、日本は占領されてしまう」と主張するというのは条約締結の相手国にずいぶん失礼な物言いではあるまいか。

あるいは、改憲派の諸君はそういう非常時にもアメリカ軍は何もせずに日本が外国軍に占領されるままに放置しておくというシナリオにリアリティを感じているのかもしれない（村上龍の『半島を出よ』では駐留米軍はテロリストに対して何の軍事行動も起こさないが、これは現在の日本人のアメリカの軍事的パートナーシップへの「不安」をかなり忠実に表している）。

率直に言って、そういう事態もありうるだろう。

それはアメリカが日本を見限って、別の国（侵略国かその同盟国）を東アジアにおける軍事的パートナーに選んだ場合にということである。

アメリカが北朝鮮のような破綻国家を日本に代えて東アジアの軍事的パートナーに選ぶということは合理的に考えてありえない。アメリカが日米安保を破棄して、次の戦略的パートナーに選ぶとすると中国かロシアのいずれかしかない。今アメリカ国務省がそのどれかの線で世界戦略の書き換えシミュレーションをしていることはかなりの確度で推測できる（私が国務省の役人ならとっくにやっている）。

そして、あらゆる計算をした果てに、どう考えてみても、「アメリカが思いのままに頤使《いし》することのできる弱い味方」であるわが国とのパートナーシップを解消してもまだ元が取れる選択肢は存在しないという結論に達しているはずである。だから、アメリカの立場になって戦略的に考えれば、日米安保条約は日本領土が「国家」によって侵略された場合には実効的に機能するはずである。「機能する」ということは、侵略国はアメリカの報復攻撃によって壊滅的被害を受けるということである。だから、心配されるには及ばないとゼミ生たちを安堵させる。

万が一、日米安保が機能しないで、日本が侵略された場合はきわめて不幸な未来が私たちを待っている。

それはアメリカが日本を同盟国として永遠に失ったことを意味するからである。数千数万の日本人が死傷し、財産が奪われ、領土が分断された場合、あとに生き残った日本人はどうなるだろう?

間違いなく、彼らは二度といかなる安全保障条約も同盟関係も信じず、自国の防衛は自国民の手でしかなしえないということを民族的教訓とするだろう。

私ならそうする。

そうして世界でもっとも好戦的な国民国家・復讐国家ができあがる。

日本の経済力と集団組織とテクノロジーと知的ポテンシャルのインフラの上に憎悪に満ちたナショナリズムが乗ったときに、日本がどんな国になるのか、想像するのはむずかしいことではない。たぶん「ナチス第三帝国」をさらに機能的にヴァージョンアップして、「大日本帝国」をもっと冷酷にしたような激烈な排外主義的な国民国家ができあがるだろう。

それはその中に生きなければならない日本国民にとって不幸な国家体制であると同時に、世界にとっても不幸な国家体制である。

この日本「第二帝国」は侵略国を侵略し返し、日本侵略を拱手傍観したすべての国に報復し、ついに太平洋を越えて、日本を裏切ったアメリカと「差し違える」ことを何十年かかっても完遂することを全国民的な悲願とする国になることだろう。

どう考えても、これほど日本人の「忠臣蔵」的、「総長賭博」的メンタリティにぴったりくるシナリオは存在しない。

日本人は「こういうありよう」が心底好きだからだ。

その「臥薪嘗胆《がしんしょうたん》ニッポン」は現在の日本人からは想像できないほど勤勉で、禁欲的で、死に急ぐ日本青年たちに満たされるはずである。三島由紀夫が生きていたら「私はこの日を待っていた」と感涙にむせんだだろう。

だから、憲法九条のようなものを持っている国を侵略してはならない。

平和憲法を護持しているときに侵略されたら、日本は二度と平和についてのいかなる理想論も信じない歴史上最悪のリアリストになって甦るだろう。日本がそのような国になることは侵略した当の国を含めて世界にとっての悪夢なのである。

憲法九条という非現実的な「縛り」を日本が受け入れているのは、それが被—侵略というかたちで破綻したときの目の眩むような絶望と、抑圧されていたミリタリズムのマグマが悪魔の哄笑とともに噴出する感触を無意識のうちに欲望しているからかもしれない。

そう考えてみると、やはり九条護持はたいへん日本的なソリューションだということが知れるのである。

7　病とともに生きる

ここまで二種類のシミュレーションをしてみせたからもうおわかりいただけたと思うけれど、私たちにとって「普通の国」になるオプションは二つしかない。それは改憲派のロジックを貫くなら、「アメリカを含む世界のすべての国と戦争を始める権利を留保すること」であり、護憲派のロジックを貫くなら、「日米安保条約が空文であったこと（それはつまりアメリカが日本の「主人」ではなく、「あかの他人」であったということを意味している）を被─侵略という事実を通じて思い知ること」である。どちらも「いずれアメリカを相手に戦争をする」ことを（前者は国際法上の権利として、後者は民族的悲願として）必須の条件としている。

私はそのどちらの様態をも望まない。だから私は日本は「普通の国」ではなく、これまで通り「変わった国」であるほかないだろうと思っている。

憲法九条と自衛隊の「内政的矛盾」は、日本がアメリカの「従属国」であるという事実のトラウマ的ストレスを最小化するために私たちが選んだ狂気のかたちである。

そして、その解離症状から引き出しうる限りの疾病利得を私たちは確保してきた。それは世界史上でも例外的と言えるほどの平和と繁栄をわが国にもたらした。だから、私はこの病態を選んだ先人の賢明さを多としたいと思う。

　私たちの解離症状はフォントルロイ侯爵の痛風やシャーロック・ホームズの阿片吸飲のように、「病んでいる」ことと「生きている」ということがほとんど不可分であるように生活習慣の一部になっている。この病と「縁を切る」という選択肢はこれから先も取りえないだろうし、取るべきでもないと私は思う。この病から癒えるためには、私たちは病み続けるよりさらに多くの物質的苦痛と心理的負荷に耐えなければならないからである。

だから、「護憲派と改憲派の間の内政的矛盾に日本をダメにしているすべての原因がある」という話型を私たちはこれからも確信犯的に、病識をもった上で、あえて病み続けることになるのだと私は思う。

　私のこれまでの理路に納得されない方が、私に向かってどんなことを言うのか私にはだいたい想像できる。改憲派の人々は「お前は要するに『気取った護憲派』にすぎないのだ。お前みたいなやつがいるから日本はダメになるのだ」という非難の言葉を向けるだろうし、護憲派の人々は「お前が言っていることは要するに戦争ができるようでなければ『普通の国』にはなれないということに尽きる。お前のような『隠れ改憲派』が日本を『いつかきた道』に誘い込むのだ」という告発の言葉を向けるであろう。

だが、それこそ私が聴きたいと望んでいる当の言葉なのである。

私はそのようなスキームでしかこの問題を考えることのできない日本人の症状を、今では少しずつ愛し始めているからである。

［注］

＊1　ジョン・ダワー『敗北を抱きしめて（上）』岩波書店　二〇〇一年　三四頁

＊2　加藤典洋『敗戦後論』ちくま文庫　二〇〇五年　五二頁

＊3　ダワー前掲書　二七二頁

改憲したら僕と一緒に兵隊になろう

町山智浩

気が進まない原稿である。今でも断ればよかったと後悔している。

憲法については、どうせ何を書いても確実に敵を増やすだけで、いいことなんか何もない。それに僕の立場は憲法を語るには、極めて微妙で複雑なのだ。

というのも僕は日本国民で母は日本人だが、父は韓国人で、僕は十八歳まで韓国籍だった。おまけに僕は現在、永住権を取得してアメリカに住んでいる。

なんだそりゃ！　そんな奴に日本について語る資格はない！　と思った人も多いだろう。実際、かなりの数でいる。

僕は、主にアメリカの映画や文化や生活について日本の雑誌に原稿を書いたりラジオでしゃべるのが仕事で、インターネットで公開しているブログでも同じことを書いている。ブッシュ政権によるイラク攻撃の機運が高まってから、その正当性のなさ、愛国法などによる人権侵害を批判するようになった。しかし、日本についても韓国についても書いていない。

ところが、そのブログのコメント欄に「チョンは黙ってろ」などといった匿名の書き込みが殺到し、そのうちに他のサイトから何十ページにもわたるコピーの貼り付けが繰り返されるようになった。僕はコメント欄を閉じたが、その後も公開しているアドレスにメールが今も断続的に来る。

「通名を使って日本人になりすますな」

「非国民は半島に帰れ」

「韓国の反日運動をなんとかしろ」

「竹島は日本の領土だ」

「北朝鮮はテロ国家だ」

今日も一通「日韓併合は侵略ではない」というメールが来た。くりかえすが、僕は韓国について何も書いたことがないのに。

日々この状態だから、憲法について書いたらいったいどうなるのか。それを想像するだけでげっそりして、今こうしてキーボードを打つ指も重くなる。

ブログのコメント欄を開いていた時、僕はいちいちそれに返事を書いていたが、今もメールには返事を書いている。内容はいつもだいたいこんな感じ。

「僕は父が韓国人だったことを隠していません。あなたがそれをどこかで知ったのは、僕自身がそれを書いているからです。

また、町山という苗字は通名ではなく、本名で、僕の国籍は日本です。

僕の父は戦前、日本に併合された韓国で生まれました。そして、若い頃、自分の意志で勉強のために日本にやって来ました。日本の敗戦で韓国が独立して、父の国籍は韓国になりました。その後、日本人である母との間に僕が生まれました。僕は父の韓国籍に入れられましたが、中学生の頃に両親が離婚して母に引き取られ、母の町山姓になり、日本に帰化しました。

僕は、生まれてから今まで一度も韓国に行ったことはありません。家では父は日本語以外一切話さず、僕は韓国の文化や歴史についての教育も一切、受けていません。母が日本人なので食生活も生活様式もすべて純和風でした。

それでも子供の頃は国籍は大韓民国で、苗字は〝柳〟だったので、小学校では教師や生徒の親からよく、チョーセンジンと呼ばれました。あなたからのメールでそれを思い出しました。

アメリカに住む僕がアメリカの現政権を批判した文に対して、あなたから『非国民は半島に帰れ』と書いたメールをいただきましたが、僕は日本を批判したわけではありませんし、そもそも半島から来たわけでもありません。

また、北朝鮮の行為について、僕がなぜ責められるのかもわかりません。僕個人は戦後、成立した北朝鮮が日本に植民地時代の補償を求めるのは笑止千万だと思いますし、金正日については八つ裂きにしても飽き足らないほど憎んでおります。ＣＩＡかどこかが金正日暗殺特攻隊を結成するなら是非、僕を訓練して参加させて欲しいものです。とにかく金将軍が〝喜び組〟の美女たちと何をしているのか想像するだけで、もうくやしくてくやしくてくやしくて、それだけでご飯三杯おかわりできるほどです」

てなことを書いて返信するのだが、返事はめったに来ない。来てもこんな一言が捨て台詞みたいに書いてあるだけ。

「お前は帰化したからって日本人ぶるな」

はー……（脱力）。

わかるでしょう？　憲法について書きたくない気分が。

でも、うっかり引き受けた以上、何か書かないとならない。もう締め切りは過ぎてるし……。

えーと、憲法九条ですよね。正直に言うと法学部を卒業して以来二十年以上、憲法について真剣に考えたことはないんですが、この機会を利用して原稿を書きながらあれこれ試行錯誤していきましょう。

1　拝啓天皇陛下様

僕がマイノリティでイラク攻撃に反対したという事実をもって「この人は反戦的だろう。改憲にはとにかく反対だろう」と予断する読者も多いだろう。

しかし、僕はイラク攻撃に反対しただけで、いわゆる「反戦平和」の人じゃない。もっと正確に言うと、僕は軍隊ってやつが人一倍好きなのだ。

あ、なんか、みんなザッと一斉に引いたような気がする。反戦、護憲の人たちまで帰っちゃったみたい。ポツンと一人取り残された感じ。でも、書き手の立場をわかってもらうために、もうしばらく個人的なことをダラダラ書かせてもらいます。

在日韓国人として育ちながら、幼い頃から軍隊というものになぜか人並み以上に憧れていた。それも戦車や軍艦よりも歩兵が好きで、田宮の三五分の一のプラモデルでも歩兵セットばかり作って色を塗っていた。松本零士の「戦場まんがシリーズ」はボロボロになるまで読み込んで模写した。

友達に誘われて小学校の頃にボーイスカウトに入った。ボーイスカウトはイギリス軍の斥候隊から生まれたもので、制服もイギリス軍の軍服を元にしているが、僕がいた頃は中身も兵隊ごっこのようだった。ロープやナイフの使い方、火のおこし方や野外生活や救急医療の技術を習うだけじゃない。集会はまず国旗の掲揚から始まる。日章旗の歴史、揚げ方、畳み方を学んだ。正しい「気をつけ」「回れ右」、いわゆる「ドリル」も叩き込まれる。ラッパで起こされ、ラッパで消灯するキャンプはまさに軍隊そのもの。夜中に抜き打ちで叩き起こされ、テントを撤収して何キロも行軍を命じられる。体罰も頻繁で、敬礼したままの姿勢で何時間も立たされ、疲れて腕が下がると班旗の棒（太さ五センチ、長さ二メートルほどの木製）でひじを打たれた。その棒を「お願いします！」と突き出した尻に食らうことも多い。それでも本当に楽しかった。「一人前の男」に鍛えられているような気がした。キャンプでニワトリを自分で絞めて、素手でまだ温かい内臓をかき出した後で学校に行くと、自分が食べるものを殺したこともなければ国旗掲揚の作法も知らない学友たちがどうしようもないガキに見えた。

またボーイスカウトでは年に二回、靖国神社でかがり火奉仕をした。御霊祭りと初詣の夜に赤々と燃えるかがり火を護って立つスカウトを見たことがある人もいるだろう。

大晦日、拝殿の前に立っていたら、学校で自分を「チョーセンジンめ」と目の敵にした教師が通りかかった。寒空の下、半袖半ズボンで微動だにせず、英霊に奉仕する俺を見ろ、と黙って胸を張ったものだ。

僕は十八歳の時、日本に帰化したが、兵隊よりも物書きになりたい気持ちが勝って出版社に就職した。

そして、『平成元年の右翼』という本を作った。昭和天皇崩御で揺れる右翼活動家たちの現在をルポする本で、赤尾敏から野村秋介、任侠系右翼や新右翼など、十以上の団体に取材した。そのなかで知り合った「行動右翼」団体の青年部の部長は、自分がよく行くミリタリーおたくのコレクション即売会の常連だった。同好の士だったわけだ。

次に自衛隊の本を企画した。取材許可を取るため六本木にあった防衛庁の広報に何度も通った。当時、自衛隊は憲法違反の軍隊としてスケープゴートにされてきたので、マスコミに対して警戒していた。僕は「一切政治の話は抜きで、世間から冷たい目で見られている自衛隊員の皆さんの生活と意見を紹介したいのです」と繰り返して、広報のガードを下げさせた。取材名目で習志野空挺師団に体験入隊し、制服を着て敬礼した時は本当にうれしかった。自衛隊一キツいと言われる空挺体操も、練習塔からの落下傘降下訓練も、落とした十円玉が跳ね返るほどピーンとシーツを張らないと腕立て伏せを命じられる点検も、みんな楽しかった。

一泊二日の入隊だけでは満足できなかった僕は、元フランス外人部隊で東南アジアで傭兵として戦ったM氏が始めたサバイバル・スクールに入学した。アメリカで海兵隊やグリーンベレーのベテランたちが、極右民兵ミリシアなどの訓練のためにやっている学校の日本版で、教官も生徒もほとんどが現役、または元自衛官だった。千葉県の山奥で一週間、テントもなしで生活する。塹壕を掘ってその中にうずくまって眠るが、教官たちが入れ替わり立ち替わり催涙スプレーやスタンガンで攻撃してくる。スプレーが目に入ると何時間も涙と鼻水と咳が止まらない。捕まると罰として食料を減らされる。一睡もできず、腹も減って朦朧としてくる。昼間の索敵訓練では、十二月の冷たい川の中を腰までつかって歩かされた。泥道を行軍している時、教官の「伏せ」の合図で地面にはいつくばったが、顔に泥がつかないよう頭を少し上げたら、「伏せと言ったろうが」と教官が僕の頭にブーツを乗せ、顔を泥の中に踏みにじった。しかし、それすら苦痛ではなかった。

なんで、それほど兵隊になりたかったんだろう？

今は映画評論家をやってるくらいだから山ほど戦争映画を観てきたが、どんな派手な大作よりも心を摑まれたのは『拝啓天皇陛下様』（六三年）という松竹の人情喜劇だった。渥美清扮する山田ショウスケは、三つの時に母を亡くし、父親が誰かも知らない孤児。彼はたった一人で生きるうちに泥棒や乱暴で前科者になり、どこにも居場所がなくなって陸軍に入る。二年兵の理不尽なイジメはきついが、ショウスケを差別せずに迎えてくれたのは軍隊が初めてだった。最初は自分の名前も書けなかったショウスケは軍隊で読み書きを覚え、「天皇陛下の赤子として生まれ変わる」。そして演習の時、初めて天皇を見て、自分の父親のように敬愛する。そんな日々に戦争が終わるという噂が流れる。戦争が終わると軍隊もなくなる。ショウスケは自分一人くらいは軍隊に残してくださいと手紙を書き始める。「ハイケイ、天ノウヘイカサマ……」

父親に捨てられたことで韓国とのつながりもなく、日本しか知らないのに日本人扱いされない、そんな僕には、ショウスケは他人に思えなかった。

2　憲法九条は去勢

さて、そんな兵隊オタクの僕だから、九条改正の主旨、自衛隊を「武力を行使する権利」を持つ「軍」にすること自体には反対する気にならないのである。

国境を侵犯した敵にしか攻撃できないという現状では、国土に被害が出てからしか手が出せないわけだし、敵を追撃することもできない。日本領海の境界線のギリギリ外に戦艦が並んで日本を包囲しても何もできない。日本に向けてミサイルを撃たれた後、自分でその発射地点に反撃することもできない。いわゆる集団的自衛、たとえば米韓との合同作戦もできない。そんな風にがんじがらめにされた自衛隊はハンパな存在であり、国民から尊敬されていない。それを「軍」と呼ぶことで兵隊さんに対する世間の差別的な見方が正され、彼らも自らの仕事を誇りに思えるようになるなら、それは悪いことじゃないだろう。

しかし、何よりも僕は、戦力を禁じるのは、人間の本能に反した、去勢のようなことだと思うのだ。

尊敬する松本零士のSF戦記漫画『ハードメタル』シリーズにこういう短編がある。はるか未来、日本人はある過ちを犯したため、宇宙に出ることを世界から禁じられてしまう。日本人同士もロケットを作らないよう互いに監視しあう。主人公は密かにロケットを作り、それに乗って宇宙に飛び出すが、彼には帰るべき星はない。

この短編漫画におけるロケットは軍隊の暗喩だ。戦記とSFの巨匠松本先生にとって、戦争は宇宙への冒険と同じ男の本能であって、禁じてはならないものなのだ。九条と侵略戦争の罪悪感がいくら戦争への欲望を抑圧しても、『宇宙戦艦ヤマト』や『機動戦士ガンダム』などの戦争アニメやゲームとして、男はそれを求め続けずにはいられないのだ。

女性にはまったく理解できないだろうが、これは本当だからしょうがない。

なにしろ男たちは人間になる前から戦争していた。草食動物の鹿や牛の類ですらメスをめぐって角をぶつけあって、時には相手を殺すこともある。未開の部族だって戦争をする。国家なんてものができるはるか昔から戦争はあったのだ。未開の部族の戦争は、政治的目的よりも儀式に近い。儀式だから男たちは華々しく着飾り、顔や体にウォーペイントを施す（軍服の始まりだ）。戦争とは要するに「祭り」なのだ。男にとって「成人する」とは、その祭り＝戦争に参加することを許されることだ。だからこの祭り＝戦争は動物のオスの嫁取りの戦いの延長でもある。

この祭り＝戦争で敵を倒すこと以上に重要なのは、我が身を危険にさらす勇気を示すこと。だから祭り＝戦争で死ぬのは最高の栄誉だ。祭り＝戦争に捧げられた生贄は部族の繁栄を護る英霊となる。この祭り＝戦争は無意味だ。無意味に命を懸けるからこそ究極の蕩尽《とうじん》であり、最も崇高な儀式なのだ。

社会の成長と共に戦争は政治の手段となり、ついには戦争したくない男や女子供まで巻き込む国民総動員制になってしまったが、戦争のいちばん本質にあるのは相変わらずこういうオスとしての狂おしい本能だと思う。小野田寛郎さんが「戦争で男と男が殺し合うのはお互い様だ」と言ったのはそういうことだ。

平和主義者は「戦争は何の得にもなりません」と言い、タカ派も「戦争は辛いが、やらなければならないこともある」と言うが、どっちの言葉にも違和感がある。戦争はもともと無益で無意味だからこそ快楽なのだから。

もちろん、迷惑だし、ないほうがいいものだが、それを無理やり禁じるのは去勢と同じで、やはり人間性の否定だとさえ思ってしまうのだ。

もう、かなりの読者がこれを読んでカンカンに怒ってると思うが、いい悪いではなくて、そういうものだからしょうがない。

スタンリー・キューブリック監督の『2001年宇宙の旅』という映画は、人間の祖先である猿人が、骨を棍棒にして他の群れの猿を殴り殺すシーンに始まる。猿人は道具を使うことで人類に進化する道を開いたが、それは戦争技術の進化の始まりでもあった。勝鬨を上げる猿人が空に投げた骨のアップは二十世紀の地球を周回する人工衛星につながる。それはミサイルを積んだ軍事衛星だ。骨はついに地球を滅ぼす核兵器にまで進化してしまったのだ。ここでキューブリックは人間の進化と戦争は切り離せないものだと言っている。

『2001年宇宙の旅』では、人類の進化を見守ってきた高度な異星人が人類を次の段階に進化させてくれる。おかげで人類は国家間の戦争を回避するのだが、逆に言えば、人間が人間のままの段階では戦争する本能からは逃れられないということだ。

人類はいつかは戦争や国家を克服するだろう。憲法九条二項はその指針といえるが、改憲されたなら、日本人は進化の先駆けを担う段階に達してなかったということになる。

同じキューブリックの監督作『時計じかけのオレンジ』も、人間の暴力的な本能をテーマにしている。主人公の少年アレックスは暴力とセックスが大好きで、老人を面白半分に半殺しにし、女性をレイプして遊んでいる。観客は「この悪ガキを何とかしろ」と思う。当然、アレックスは逮捕される。そして心理療法で暴力衝動を感じると呼吸困難になるよう矯正される。文字通り虫も殺せない大人しい少年になってシャバに出たアレックスに、かつて彼の暴力の被害にあった人々が復讐する。何をされてもまったく無抵抗のアレックスは人間として最低の自己防衛もできない。見ているうちに観客はだんだん「少しは逆襲すればいいのに」と思うようになる。

このアレックスはかなり戦後の日本に近いと思う。

僕ですら、北朝鮮のやりたい放題を見てると、拉致の報復に喜び組の美女を五、六人、いや全員さらっちまえばいいのに、と思ってしまう。

しかし、だからといって、僕は九条の改正に今、賛成はできない。

『時計じかけのオレンジ』のアレックスは虐待された果てに頭を強打し、ショックで再び暴力衝動を取り戻す。ここで観客はうかつにも「よかった」と思ってしまう。ところが最後にアレックスの邪悪な笑顔を見てゾッとする。彼は無抵抗の自分に復讐した被害者たちに、その借りを何倍にもして返すだろう。怪物は解き放たれてしまったのだ……。

日本をアレックスのような怪物と一緒にするな、と思う人もいるだろうが、怪物になる可能性をゼロに近づけるために、九条の扱いには慎重であるべしと考える。

3 平和憲法と軍備の両立は珍しくない

話を広げすぎた。九条問題に戻ろう。

改憲派の掲げる改憲の目的を箇条書きにしてみた。

①有事の際に迅速に有効に対処するため。

②海外に出兵できるようにするため。集団的自衛、国際貢献に必要である。

③現実に対応するため。憲法は時代に合わせて書き換えられていくべきである。

④自衛隊は「戦力」であり、憲法九条と矛盾しているので、「ねじれ」が生じている。その「ねじれ」を正すため。
⑤「普通の国」になるため。「普通の国」には自国を守る権利があり、軍隊を持っている。
⑥アメリカから押し付けられた憲法なので、日本人の意志で書き換えるため。
⑦日本人の誇りを取り戻すため。
具体的な論から抽象的な論へという順で並べてみた。つまり、リアル・ポリティクスから憲法論、国家論へ、九条個別の問題から憲法全体の問題へ、現実の必要性からイデオロギーへ、という順序だ。番号の若いほうほど「口実」もしくは「建前」で、それがだんだんと「本当の動機」というか「本音」に近づいている。

僕は有事の危機感なんて本当は誰も持っていないと思う。だって我らが日本が北朝鮮ごときに負けると本気で思ってる人はいないでしょ？　思ってるのは金正日の手先か、自衛隊を見くびった非国民か、日米安保を信じない反米主義者くらいだ。北朝鮮が軍事行動を起こす時は、連中が国家として自殺を選んだ時以外にない。

だから、①や②という現実的な理由は口実にすぎず、その改憲を支持する人々の多くのメンタリティには⑥が必ずあるし、突き詰めれば⑦がある。

僕はそれが恐ろしい。「日本人の誇り」という場合の「日本人」が何を指すのかわからないからだ。

それについて考える前に、ちょっと疑問がある。改憲派は「普通の国になりたい」とか解散時のキャンディーズみたいなことを言ってるけど、その「普通の国」って欧米の近代国民国家のことだよね？　バチカン市国やナルニア国じゃないよね？　でも、近代国民国家の標準からすると、改憲派の主張はおかしなことばかりなのだ。

まず、「平和憲法を持ちながら自衛隊という軍備を持っていることは矛盾している。この『ねじれ』を正す必要がある」という主張。その欺瞞があるために憲法は威信を失っていると改憲派は言うが、実は平和憲法と軍備の両方を持っている国は日本だけではない。

「平和憲法があるのは世界中で日本だけだ」と護憲派は誇り、改憲派は憤るが、そんなことはない。「平和」や「不戦」を憲法に謳った国は世界中に百二十カ国以上ある。

たとえば、「国際紛争解決の手段としての戦争放棄」を謳った憲法は一九三一年のスペイン憲法や一九三五年のフィリピン憲法のほうが日本よりも古くて、それが日本国憲法の下敷きだとも言われている。

日本と同じく第二次大戦の敗戦国ドイツも「ドイツ基本法」第二六条一項で「諸国民の平和的共存を阻害するおそれがあり、その意図でなされた行為、特に侵略戦争の遂行を準備する行為は違憲である」という文面で戦争を禁じている。

イタリア共和国憲法では第一一条で「他国民の自由を妨害する手段として、または国際紛争を解決する方法としての戦争を否認する」とある。

お隣の韓国の大韓民国憲法でも第五条で「国策の手段としての戦争を放棄」している。その他、永世中立国のオーストリアやら、インドやパキスタンや、とにかく平和憲法国家は今や珍しくも何ともない、むしろ常識だ。

そして、平和憲法を持つ国のほとんどが自衛のための軍隊を持っているが、ねじれや矛盾が日本のように問題になっているという話は聞いたことがない。

ところが歴史を見れば、侵略戦争はいつも「自衛」の名前で行われてきた。あのナチスドイツの軍隊さえ「国防軍」という名で「生存権の確保」を口実に諸外国を侵略したように。そこで日本国憲法は九条二項ですべての戦力の保有を否定してしまった。そこまでやったのは世界中でも日本国憲法だけだ。

従って九条二項こそは日本国憲法のアイデンティティである。憲法前文の「政府の行為によって再び戦争の惨禍が起ることのないやうにすることを決意し」「恒久の平和を念願し」「全世界の国民が……平和のうちに生存する権利を有することを確認し、「日本国民は、国家の名誉にかけ、全力をあげてこの崇高な理想と目的を達成することを誓ふ」を条文化したものだともいえる。だから九条二項の変更は、自民党などが試案を出している日本国憲法の前文の書き換えとセットになっている。

改正は九条だけだと思ってる人も多いと思うが、それだけでは終わらない。なぜなら、日本国憲法には改正への歯止めがないからだ。

4 ドイツは憲法改正を禁じている！

改憲派はよくドイツを引き合いに出す。

「同じ敗戦国であるドイツは戦後四十回も改憲し、再軍備した。日本が一度も改憲しないのはおかしい」

その論理は間違っている。ドイツ憲法は世界でも最も改憲に対して厳しい憲法なのだ。

ドイツ憲法は第七九条三項で「憲法第一条および第二〇条に定められている諸原則に抵触する憲法の改正は許されない」と、重要な項目の改憲を厳しく禁じている。

今までドイツが改正してきたのは、ドイツ連邦政府と各ラント（アメリカの州にあたる）との関係性を定めた細かいテクニカルな条項がほとんどだ。再軍備のために個別の条項を改憲した時も、日本の憲法第九条にあたる戦争禁止の条項、第二六条一項は改正していない。

それだけではない。ドイツ憲法の第五条「表現の自由」第三項には「教授の自由は、憲法に対する忠誠を免除しない」とある。つまり大学や学校で憲法を批判する自由すら認めていない！　憲法批判がトレンドみたいな日本とは大違いだ。

ドイツがこれほど憲法改正について厳しいのは、かつて議会での投票でヒットラーに全権を委任し、ワイマール憲法を無効にしてしまった失敗があるからだ。だから、たとえ国民投票でも絶対に根本的な改憲ができないようにした。

ところが、日本国憲法にはそういった歯止めがない。前文や第十章の最高法規すら、改正の対象になりうる。だから、いったん九条を改正すると、ずるずると日本国憲法が国民投票でとめどなく解体されていくだろう。

そもそもドイツに限らず憲法というものは国際情勢や時代に合わせてホイホイ書き換えるべきではない「硬い」ものなのだ。

「日本国憲法が六十年間も改正されてないのはおかしい」という意見もあるが、六十年なんてまだまだたいしたことはない。たとえば世界最初の成文憲法であるアメリカ合衆国憲法は一七八七年九月十七日の制定以来、二百二十年間、変わらずに使われている。日本国憲法の三倍以上古い！

アメリカでは憲法の条文そのものを変更することを避けるため、修正条項を書き加えていく方式になっている。しかも、その修正条項は「修正」といっても「憲法を正す」ものではなく、憲法に定められた国民の権利が実際に守られるよう、憲法がうまく機能するように補強する条項だ。

そして、日本国憲法の前文にあたる、アメリカ憲法の基本理念であるアメリカ独立宣言は、独立宣言であるからして未来永劫、決して書き換えられない。

同じことはフランスの人権宣言についても言える。フランス革命時に書かれた人権宣言は、革命政府が崩壊し、その後、いくつもの体制を経た今でも、憲法の基本理念であり続けている。これも書き換えることなどできない。

こうした憲法は、それまで宗主国や王のものであった国が国民のものとなった時に国と国民との間で交わされた契約で、国が侵してはならない国民の最低限の権利を規定するものだ。そして、その最低限の人権とは国家体制がいかに変わろうと、未来永劫、変わることがない。

つまり「憲法は社会の実態に合わせて細かい部分は随時修正されていくが、その基本理念だけは絶対に変えられない」というのが、憲法というものを発明した欧米諸国、「普通の国」の常識なのだ。

5　アメリカ憲法だって押し付け憲法だ

「日本国憲法は占領軍の押し付けであり、日本人が主体的に作った憲法にしない限り、本当の自主独立国家にはなりえない」という考え方は様々な改憲論に共通する、いわば改憲の精神的な支柱だ。

しかし、それを「押し付け」たアメリカの憲法も、ある意味、「押し付け」憲法といえる。

アメリカの憲法の基本理念である独立宣言にはこうある。

「すべての人間は平等に作られている。創造主によって、生存、自由そして幸福の追求を含む侵すべからざる権利を与えられている」

しかし、この「すべての人間」が指しているのは、当時、市民権を持っていた土地を所有する白人成人男性だけだった。もちろん、この独立宣言を基にしたアメリカ憲法も、土地持ちの白人男性だけで勝手に作って決めたものだ。それ以外の人々、貧乏人、女性、奴隷、先住民、移民にとっては、押し付け以外の何物でもない。

でも、彼らは「押し付けだからいらない！」とは言わなかった。逆に「この憲法は素晴らしい。この独立宣言にある『すべての人間』には、私たち貧乏人も女性も黒人も先住民も移民も当然入っているはずだ」と主張したのである。もちろん、言っただけでなく、激しい弾圧や妨害と戦って、自由と平等、公民権を勝ち取っていった。それが憲法修正条項に加えられ、憲法を補強していったわけだ。

奴隷解放、婦人参政権、黒人の公民権……どれもが、アメリカ憲法を文面通りに現実に機能させるための努力の成果だ。逆に言えば、憲法は現実を追認するものではなく、目指すべき目標なのだ。

だから日本の改憲派がよく言う「日本国憲法は現実にそぐわなくなったから改正する」という意見はおかしい。

たとえば独立宣言は「すべての人間は現実に平等で自由だ」と言っているわけではない。実際、憲法が制定されてしばらくは女性や奴隷や先住民は人間扱いされていなかったのだから、憲法は機能していなかった。しかし憲法を実現するための努力が続けられ、それがアメリカの歴史を作ってきた。憲法は実現の努力によってはじめて機能する。もちろん「すべての人間が本当に平等で自由」になるまで、つまり永遠にこの努力は続くのだ。

日本国憲法もちゃんと第一二条に「憲法が国民に保障する自由及び権利は、国民の不断の努力によって、これを保持しなければならない」と書いてあるのだが、実際はどうだろう？

たとえば、企業の採用募集には堂々と年齢制限が書かれている。「男子募集」と書く企業は最近ようやく減ったそうだが、女性はあいかわらず面接で既婚か未婚かを問われたりする。これで憲法が機能していると言えるだろうか？

僕がアメリカに移住したのは妻の意志だが、日本では妻のように三十歳すぎた既婚女性が再就職するのは、よほどのコネがない限りほとんど不可能だった。だから妻はアメリカの会社に職を求めた。アメリカでは企業が社員募集や面接で性別や年齢、未婚既婚を問うことはできず、違反した企業は厳しい罰を受ける。妻は採用され、産休を取り、子供を生んだ後も勤務を続けている。これも憲法の理想を実現するために二百年続いてきた闘いの成果の一つだ。

だから、憲法九条が現実にそぐわないからと、たった六十年であきらめたりせず、あと百年くらいは実現を目指して試行錯誤してもいいのではないか？　改憲派の言うように現実に合わせて随時改憲していったらどうなるか？　現実に軍隊があるから九条を変えるのなら、現実に差別があるから第一四条の「国民の平等」を撤廃し、現実に貧乏人がいるから第二五条の「健康で文化的な最低限度の生活を営む権利」を撤廃するという理屈も成り立ってしまう。

6　国を愛する義務より国に逆らう権利を

こうやって見ていくと、改憲派の言い分は「普通の国」からするとヘンテコな話ばかりで、「本当に憲法とか国家ってものがわかってるの？」と不安になる。

たとえば、二〇〇五年二月の日本の衆院憲法調査会ではこんな意見が出たという。「憲法第三章『国民の権利及び義務』を読むと、条文の中に『権利』が十六カ所、『自由』が八カ所出てくるのに対し、『義務』は勤労と納税、子どもに普通教育を受けさせる義務の三カ所となっている。つまり、国や社会への義務が軽視され、権利主張が横行している。憲法に国民の義務をもっと増やすべきだ。国を愛する義務を盛り込もう……」

……憲法って誰が守るべき法律だかわかってる？

たとえば刑法は、裁判官が守る法律だ。だから刑法には科刑のルールが書いてあるだけで、たとえば「人を殺してはいけない」という条項はない。そして、憲法は国家権力が守るべき法律である。そこに国民の義務を増やしてどうするってんだ？　もちろん憲法にも国民の義務は規定されているが、それは憲法が国家と国民との契約だからだ。「権利」と「自由」が何度も出てくるのは、近代国民国家とはそもそも国民の自由と権利を守るために作られたものだからだ。この調査会に参加した議員たちは高校の倫社の授業でホッブスやロックを習わなかったのか?

人間は秩序のない状態では、自分たちの自由を実現させるために、他の人間の自由を侵害してしまう。だから自由の一部をあきらめて、それを国家というシステムに預けることで、国家から本当に大切な自由を守ってもらう契約をする。具体的には、国民は国家に対して、働いて税金を納める義務、立派な国家の構成員になるための教育を受ける義務、それに時には兵役の義務などを負う。その代償として国家は国民の生命や財産を守り、思想や宗教の自由を守る約束をする。こうして国家と国民が交わした約束、契約が憲法なのだ。

ところが憲法調査会に参加した議員はここに「国を愛する義務」を盛り込もうと言った。結局、この「義務追加」は自民党の改憲試案には入らなかったが当然だ。「愛する」というのは心の動きだ。思想や信条である。それを国家が縛るのは第一九条「思想及び良心の自由」違反である。そもそも「内心の自由」は人間にとって最後の砦であって、それさえ奪われたら生きていてもしょうがない。共産主義やファシズム国家ではない「普通の国」ならば、国は国民に、国を愛さない自由すら保障するものなのだ。

たとえば、アメリカでの星条旗焼き捨てを見てみよう。国家への反抗として星条旗を焼き捨てる行為は、六〇年代のベトナム反戦運動や、黒人民族主義運動の過激派がよくやった。最近はスパイク・リーが「圧制の象徴である星条旗を焼き捨てろ！」とアジっているが、その行為にはすでにあまり効果がない。というのも、九〇年代に星条旗（自分で買ったものに限る）を焼く行為を罰することが憲法違反であると判決されてしまったからだ。星条旗は国旗を焼き捨てる自由すら保障する国家の象徴だ。焼き捨てるよりは振ったほうがいい。かくして、保守も反体制も、少数民族もゲイも、自由の象徴である星条旗を振る。僕はイラク戦争に反対するデモに参加したが、デモ隊はブッシュ大統領を自由の敵と攻撃しながら、みんな星条旗を振っていた。日の丸を強制することがいかに逆効果かわかるでしょう？

アメリカの憲法は、旗を焼くどころか、政府と戦う権利すら保障している。憲法修正第二条は「人民が武器を保有しまた携帯する権利を侵してはならない」とあるので、銃犯罪社会の元凶みたいに言われているが、この憲法が守っているのは護身用の拳銃の携行の権利などではない。実はこの条項には「規律ある民兵は、自由な国家の安全にとって必要であるから」という理由がついている。つまりアメリカ独立革命に民兵が大きく貢献した事実を踏まえ、自由を脅かす圧制にゲリラ戦で抵抗する権利を保障している。革命を起こす権利を憲法が認めているのだ。

これはちっとも奇妙なことではなく、アメリカ建国より前に近代国家の基礎理論を提唱したロックが「抵抗権」として国家が守る国民の権利に挙げている。つまり国民との契約によって成立するのが国家である以上、国家が契約に反して国民の自由を侵害した場合、国民はその国家を転覆していい。

「革命の権利を国家が保障するなんて左翼的だ！」と思う人もいるかもしれない。ところがアメリカでこの修正第二条を維持しようと戦っているのは右翼の人々である。アメリカにおいて右翼というのは徹底的に個人や企業の自由を守るため、国家の力をできるだけ小さくしようとする人々で、政府と戦うために武装さえする。アメリカの左翼は平等のために個人や企業の自由を制限し、政府の福祉や権限の強化を求めている人々で、個人の銃器所有を規制しようとしている。日本とは逆である。

イソップ物語で旅人のコートを脱がそうとした太陽と北風の話を思い出す。もちろん、愛国を強いる国は北風だ。そして、国旗や国歌について「強制でないのが望ましい」と仰った天皇陛下は当然、太陽だ。

7　国民と民族は違う

そういう「普通の国」の憲法がわかってないのが憲法改正をライフワークとしてきた中曾根元首相だ。彼も憲法試案の前文に「国を愛す」と入れている。どうも憲法を教育勅語みたいなものと思ってるらしい。それに「和を尊び」などと聖徳太子の十七条憲法を引用しているが、聖徳太子の憲法と近代国民国家の憲法は何の関係もない。

中曾根試案はあまりに復古調ということで自民党からも却下されたものの、中曾根的な考えはすべての改憲派に共通するメンタリティではないか。つまり――平和憲法は大東亜戦争を侵略戦争と決め付けた戦勝国によって押し付けられた制裁であり足枷だ。しかも自衛隊の存在によって空洞化している。屈辱的で空洞化した憲法のために、戦後の日本人は自虐史観に取り付かれ、民族の誇りを失ってしまった。モラルの低下、長引く不況、ニートやオタクの増加など、すべてはこの憲法に根差している。だから、空洞化した九条二項を正し、近隣諸国に舐められないよう軍隊を正式に保持し、ゆくゆくは自主憲法を制定すれば、日本民族は再び、誇りを取り戻すことができるはずだ

——。

このような民族主義再興が改憲の精神的動機なのは間違いない。それ以外にこの日本国憲法を今、改正しなければ困る理由があるのか。この憲法の下で日本は、戦後六十年も一度も戦火に巻き込まれることもなく、アメリカを追い越すほどの驚異的な経済発展を成し遂げたのであって、今すぐあわてて改憲しなきゃならないほど切羽詰った事態ではない。それなのに必死に改憲を求める理由は、国防上の必要性なんかじゃなくて、「民族」なのだ。

たとえば中曾根試案にはこんな一文がある。「我ら日本国民は（中略）独自の文化と固有の民族生活を形成し発展してきた」

日本国民は……民族を形成し……？

彼は、日本国民イコール日本民族（そんなものがあるとして）だと思ってるわけだ。もちろん、日本国民には、アイヌ系や琉球系、それに僕のような帰化人もいる。中曾根はかつて「日本は単一民族国家」と発言してさんざん叩かれたのにちっとも学んでない。彼は日本民族のためだけの憲法を作ろうとしてるわけで、「すべての人間」と書いたアメリカ独立宣言とはえらい違いだ。

しかし、「日本国民イコール日本民族」と思っているのは中曾根一人ではないらしく、たとえば、読売新聞が作成した憲法改正案の前文にも「日本国民は、民族の長い歴史と伝統を受け継ぎ……」という文章がある。

「憲法という国の要に民族を謳って何がいけないのか?」と疑問に思う人は、「国民国家」というものが全然わかってない。

ちょっと考えて欲しい。「日本人」という言葉は誰を指すのか? 「日本国民」なのか? 「日本民族」なのか? そこが曖昧なのだ。だから、帰化した日本国民である僕に「お前は日本人じゃない」と言う人々が絶えない。

ところが、「民族」と「国民」は違うのだ。Nation(国民)という英語を「民族」と訳し、Nationalismを「民族主義」と訳す人もいるが、厳密にはそれは間違っている。ナショナリティNationalityは「国籍」であって、エスニシティEthnicity(民族)とは違うのだから。

最初の国民国家であるフランスを見てみるとよくわかる。それまでは言語や文化もバラバラだった複数の民族がフランス国民として統合された。ナポレオンが生まれたのも、フランス領になる前のコルシカ島で、彼の父は侵略者フランスと戦ったのだ。

フランス国民に支持されて支配者になったナポレオンは長い間続いてきたユダヤ系に対する差別を法律で禁止した。さらに軍隊ではどんな出自の者も平等に扱った。ナポレオン軍にはアイルランド系の元帥もいるし、文豪デュマの父もハイチの黒人奴隷の子で偉大なフランス軍人だった。人種、民族、宗教を超えて人々が「自由・平等・博愛」という普遍的な理想を実現せんと一致団結した。それが「国民」と「国民国家」の誕生であり、「純粋な」ナショナリズム（国民主義）である。

明治憲法も、少なくとも建前上は天皇の下ですべての臣民を平等としており、八紘一宇という多元文化主義的な理想もそこから生まれた。かつて日本がアジアで最初の文明国として認められたのは憲法があったから、つまり民族的伝統を超えた国家のシステムを作ったからだ。一つの民族だけが固まって住んでいる状態を文明とは呼ばない。「民族文化」という言葉はあるが「民族文明」という言葉はない。だから憲法前文に「民族」などという言葉を入れた中曾根や読売試案がもし実現したら、世界はもはや日本を「国民国家」として認識しないだろう。つまり「文明国家」ではないということだ。

戦後、「民族自決」を掲げて多くの植民地が独立したが、たとえ民族自決運動で独立した国でも特定の民族のものであってはならない。たとえば、ユダヤ人が二千年の苦難を経て建設した国家イスラエルの憲法にあたる独立宣言にはこう書いてある。

「すべての国民に、民族・信条・性別の分け隔てなく、社会における平等と良心・礼拝・教育・文化の自由を保障する」

つまりイスラエルですらユダヤ人のものではない。アラブ人なども含むイスラエル「国民」のものなのである。それが近代国民国家というものなのだ。

「じゃあ、お前は民族とか伝統とかどうなってもいいと思っているのか？」

と言われそうだが、それはまったく逆で、民族の伝統を守るためにも、国民と民族は分離して考えるべきだと思う。

たしかに国民主義は「自由や平等」という普遍的理念で土着的な文化の違いを押しつぶしてしまう傾向がある。フランス国内でも、各地域ごとに異なっていた民族性はフランス国民という大枠に飲み込まれてしまった。さらに国民主義は民族を超えた普遍的な理念を外国に輸出していく傾向がある。そのため、ナポレオンやアメリカのように「人民の解放」という名の拡大主義が始まる。最悪の例が共産主義による伝統文化の破壊である。

そんな国民主義への反動として民族純血主義が生まれる。フランスに侵略されたドイツは防衛のため国民国家を建設する必要に迫られた。フランスのように「民主主義の理想」を軸にするためには民衆を「理性的で主体的な市民」へと啓蒙、教育する必要があるが、ドイツの民衆の意識がそこまで到達するにはまだ時間がかかる。それよりは風俗や言語、人種、血統というあらかじめ存在する土着的で情緒的な共通性を軸に国民をまとめたほうが早い。そして、ドイツでは「一つの国民、一つの民族、一つの国家」が提唱された。「単一民族国家」という幻想の始まりだ。この「エスノ・ナショナリズム」は、多民族を取り込んでいく「国民主義」と違って、他民族を排除し、ひどい時は虐殺する傾向があり、ナチズムという最悪の結果を招いた。

このように、国民主義は反動として民族主義を呼ぶ。たとえばユーゴスラビアはナチスとソ連という大国からの自由を勝ち取るために多民族が結束した国民国家で、人類の理想と言われていたが、その後民族分離主義が始まり、殺し合いになった。

そうならないように、国民というアイデンティティが民族というアイデンティティを押しつぶさないよう、両者を分離して考える必要があるのだ。

かつてアメリカではどんな民族の移民もるつぼで溶かして一つの「アメリカ人」と

いう型にはめこもうとした。いわば「アメリカ人」という架空の民族を作り出して「国民イコール民族」にしようとしたのだ。それは異分子排除も引き起こし、第二次大戦時には日系アメリカ人が敵性国民として強制収容所に入れられ、冷戦時にはアカ狩りで主にユダヤ系やギリシャ東欧系など非WASPが迫害された。しかし、その後はサラダボウルのように、それぞれ違った民族性を保持したまま、アメリカ国民として共存しようとしている。

各民族ごとの祭りがある。アフリカ系の祝日マーティン・L・キング記念日、メキシコ系の祝日「シンコデマヨ」、中国の旧正月、アイルランド系の祝日「聖パトリック・デイ」、ドイツ系の祭り「オクトーバーフェスト」……。その日は、町中に民族衣装を着た子供が踊り、それぞれの故国の国旗と星条旗が並んではためく。その民族だけでなく、他のアメリカ人たちも一緒に祭りを祝う。故国同士が対立していても、ここではみんなアメリカ国民として、互いの国の祭りを祝う。アメリカ人のアイデンティティは民族と国民、ダブルが当たり前だ。

9・11テロの後、アメリカではすぐにキリスト教、ユダヤ教、イスラム教の最高責任者たちが集まって、イスラム教徒に対する偏見を戒める声明を出した。また日系人はマスコミに登場して「敵性市民」にされた経験を語り、イスラム系アメリカ人への迫害を諫めた。そうした努力の結果、イスラム系住民に対するリンチや差別事件は最少に食い止められた。

だからアメリカには世界じゅうからあらゆる民族がやってくる。

日本もそういう国になれば、たとえば在日韓国人はこぞって帰化すると思う。中国の朝鮮族のように、チョゴリを着て韓国語をしゃべる日本人が当たり前になればだ。

しかし、アメリカですら百年以上かかってやっとそこまでたどり着いたのだから、いまだに国民と民族の違いが曖昧な日本ではいつになるやら。

8 侵略戦争の否定か、軍備か

外圧は国民を結束させる。ドイツの場合はナポレオンに侵略された反動で民族純血主義が高まり、アメリカの場合は幾度かの戦争で多民族が国民として結束していった。日本は、というとやはりドイツ型のようだ。

ここにきて急に改憲気運が高まったのには、中国や韓国の反日運動の高まり、北朝鮮の拉致やミサイルなど、近隣諸国に対する反感が背景にあるだろう。

いつ終わるとも知れぬ謝罪と補償要求、領土問題、激しい反日運動。あれほど激しいと、「こっちが武力放棄してるからっていい気になりやがって。また軍隊持ってビビらせてやりたいぜ」てな気分になるのも無理はない。

しかし、韓国はアメリカとの安全保障においては日本の友軍だ。北朝鮮を仮想敵とするなら、日本と韓国は集団的自衛をする仲間なのだ。集団的自衛の目指すところは、アジアにNATOのような軍事協力機構を確立することだろう。しかし、今のように中国や韓国への反感いっぱいのくせに、集団的自衛という題目だけで改憲しても、八紘一宇の理想を掲げながら他民族弾圧を行った戦前の二の舞ではないか。

さらに九条改正は、大東亜戦争は侵略戦争ではないと否定する動きと一つになっている。九条は侵略戦争の罰として戦勝国から日本に科せられた刑であり、謝罪の証でもある。だから九条を改正して再軍備するには、戦争責任をどうにかして清算しないとならない。たとえ侵略戦争だとしても戦後生まれの世代までがこのまま永遠に謝罪と補償をし続けるのは理不尽な話で、いつかは前向きに清算したほうがいいと思う。清算の方法には二つある。一つはあれは侵略戦争だったと認めたうえで、その戦争を起こした日本と今の日本はまったく別の、生まれ変わったものであるとすること。ドイツの再軍備の論理はこれで、悪かったのはすべてナチであり、今のドイツ国民に責任はないとして、経済的な補償を行った。もう一つは、あれは侵略戦争ではなく、戦勝国が科した罰は不当だったとし、だから再武装する権利があるとすること。改憲派の主流は後者の立場だ。ドイツのような政治的決着を拒否し、あくまで東京裁判史観を正すまで戦うという姿勢だ。

問題は何を最優先するのかだと思う。軍備か、侵略戦争の否定か。

大東亜戦争が聖戦で、悪い戦争ではなかったという主張を中国や韓国が納得する可能性はおそらくゼロに近い。だから、とにかく絶対に再軍備したいならば、ドイツのように過去の日本を切り捨てて、まったく新しい国として近隣諸国に認めさせるしかない。

しかし、もし、このまま過去の戦争を肯定して、さらに中国や韓国への敵対心を背景に九条を改正し、自衛隊を軍隊にしたらどうなるか？　近隣諸国との関係はたちまち緊張するだろう。国家保安のための九条改正と言いながら、実際はわざわざ戦争の危機を呼ぶことになる。もしかすると改憲派はそれを心の奥で望んでいるのかもしれないが。

「そもそも主権国家には戦争をする権利があるのだから戦争をしたからといって裁かれるのはおかしい」という意見もある。近代国家を主権国家とも呼ぶ。それ以前の西欧では、国の上にローマ教会があり、主権者は神だった。たとえば聖書は人が人を殺すことを禁じている。だから人を死刑にしたり、よその国と戦争するには神を後ろ盾にしないとならない。ところが経済の成長によって王が教会よりも強大な力を持つと、それぞれの国家は神の意志を代表した存在として主権を握るようになった。つまり自由に戦争できるようになった。かくして主権国家同士の戦争の時代が始まった。

そうして西欧諸国がアジアやアフリカや中南米を侵略してしのぎを削っていた頃、国家作りに出遅れたドイツ、イタリア、日本はそのゲームに参加できなかった。後からやっと植民地ゲームを始めたら、先にやってた国からお仕置きされた。そういうことだ。植民地側からすると、どっちも開発者であり侵略者なのだが。

韓国や中国の反日運動を見ると、日本が六十年前に経験し（懲りた）ナショナリズムを今やっと経験しているのだな、という気がする。中国では辛亥革命の崩壊、内戦、共産主義による貧困でそれどころじゃなかったし、韓国もナショナリズム誕生前に日本に併合され、やはり内戦と南北分断と軍事独裁で苦しんだ。だから両国ともやっと経済発展で日本と競合できる国家に成長したので日本を仮想敵にして国民意識を盛り上げているのだろう。だから近代国家の先輩である日本としては反日運動に対しても、ナショナリズムで抵抗して同レベルに落ちずに「ああ、うちも昔、そうやってナショナリズムに興奮したよ。国として若かったからね」と余裕をかますわけにはいかないか。

9 改憲するなら徴兵を！

てなことを僕がいくら警告しようと、日本人の多数派は自分が日本「民族」だと思ってる人たちだから、九条は改正されるかもしれない。

しかし、改憲に賛成する人たちは、自衛隊が軍隊になったとして、いったい誰が兵隊になると考えているのだろう？

せめて改憲に賛成した人は、自分で兵役について欲しいものである。軍備に賛成しながら自分は軍隊に入らないというんじゃ、口先だけじゃん。

アメリカなどのように三十過ぎた人間も訓練を受けて予備役などで貢献できるシステムを作ったほうがいい。「自分はもう歳だから」と逃げられないように。

松本零士の『ワダチ』という漫画では、地球の何倍もある新惑星「大地球」を発見した日本人が国民全員でそこに移住しようとするのだが、それを阻止しようとした世界中の軍隊から攻撃される。その時、最前線に立つのは老人たちだ。「未来のある若者たちのために先の短い自分らが犠牲になるべきだ」と、彼らは捨て身で戦って死んでいく。

どんなに歳をとっても軍隊にはいくらでも働く場所があるはずだ。中曾根さんには自爆兵なんてどうかしら。

「民族の誇りを取り戻す」だの「私より公の精神を」だの「国を愛する義務を」だのアジってるくせに国民皆兵制をやらないのでは改憲する意味がない。

改憲の暁には、改憲派の政治家や評論家の先生方も是非、率先して軍隊を経験して欲しい。国民国家の軍隊の素晴らしいところは軍隊内の上下関係は軍人の階級だけで、シャバの権威は一切通用しないということだ。でも、兵隊は命令に従うことがすべてで傲慢は許されないから、先生方は決して優秀な兵隊にはなれないだろうな。

少なくとも自分たちの息子や孫くらいは軍に入れなければしめしがつかないはずだ。アメリカの歴代大統領はクリントンやルーズベルトなど一部の例外を除いて全員が軍隊に入っている。もちろん彼らの多くは立派な家柄なので生活のためではない。ノブレス・オブリージュというやつで逆にいい家柄の子息ほど国を守る責務を果たさなければならない。クリントンが良心的兵役拒否をしても好感度が下がらなかったのは彼が白人極貧層の出身だったからとも言われる。

護憲派は「改憲は徴兵制につながる」と脅し、改憲派は「そんなことはない。最近はハイテク兵器や戦闘技術の高度化によって、専門的に熟練した志願兵にしか戦争できなくなった。それに人海戦術も時代遅れで、量より質の軍備へと移行しているから、欧米諸国では徴兵制は減っている」と言って安心させようとする。

欧米では徴兵制度の廃止に反対しているのは、日本とは逆に、リベラル派である。というのも、職業軍人だけに軍隊を独占されるのは危険だからだ。国民皆兵制は、アメリカ憲法修正第二条と同じく、国家権力の横暴を防ぐためのものでもある。

もし改憲で軍隊が生まれてしまったら、自分も足手まといにならない範囲で軍でお務めを果たさせて欲しい。改憲に反対していた人たちもみんな一緒に来て欲しい。そして、軍が悪に進まぬよう力の限り内部から監視し、告発し、戦うのだ。『兵隊やくざ』のように。

それに軍隊には実は戦争よりももっと重要な役割がある。国民を作ることだ。最初の近代国家フランスが始めたのは義務教育と国民皆兵制だった。それは国民をすべて戦力にするためでもあったが、それまでは自分の家族かせいぜい自分の村くらいしか帰属意識がなかった人々を、国というチームの一員、「国民」に育てるためでもあった。戦前の日本で公立学校を「国民学校」と呼んでいたのはそういう意味だ。日本の学校が崩壊しているのは、国民を作る場所だという考えが生徒にも教師にも失われ、目的が不明瞭だからだ。

そもそもどんな集団にも、「一人前」になるための試練がある。たとえばマサイ族のライオン狩りや南太平洋のバンジー・ジャンプなど、親に保護されていた子供時代から引き離し、死に近い体験によって、儀礼的にいったん死んで「大人」として生まれ変わる。この「通過儀礼」を経てはじめて人は結婚するなど集団の一員としての資格を得る。近代以前は欧米では村や教会や徒弟制度がそれぞれに「通過儀礼」を行っていたが、国民国家では学校や軍隊がそれを代行した。戦後社会では就職がそれを補った。だから髪を切り、背広という軍服を着る。「リクルート」とは本来「新兵徴収」という意味だ。

人は放っておいたら勝手に大人になるわけではない。子供時代と決定的に切断する儀式を体験する必要がある。学校も会社も「通過儀礼」の意義を忘れた日本で、ニートや引きこもりが増えるのは当然である。

人は誰も「国民」として生まれてこない。国民は「なる」ものなのだ。だからこそ『拝啓天皇陛下様』の山田ショウスケのように親をも知れぬ、つまり日本人かどうかもわからない人間でも「天皇の赤子」として生まれ変われる。

二〇〇五年のアカデミー賞授賞式の司会者だったコメディアンのクリス・ロックにはこういう名言がある。

「『俺はアメリカ人だ』とか言って威張ってる奴が多いけど、産まれた時にお袋さんのオマンコが偶然アメリカにあっただけじゃないか。産まれるだけなら赤ん坊にだってできるぞ。そんなことで威張るな。『俺はアメリカ人だ』と胸を張って言う資格があるのは、アメリカのために兵隊として戦った人か、海を渡ってやって来てアメリカ人になるために努力した人だけだ！」

つまりアメリカ人という民族が存在しない以上、アメリカ国民とは自分の意志で「なる」ものなのだという意識が今もある。

僕がいちばん好きなアメリカの戦争映画は『硫黄島の砂』（四九年）という、太平洋戦争での硫黄島攻防戦を描いた映画だ。アメリカ海兵隊の企画による露骨な宣伝映画だが、単に奇麗事ではなく戦争の冷酷な面も容赦なく描き（何しろ登場人物のほとんど全員が戦死してしまう！）、また敵である日本兵の捨て身の戦いぶりに対しても敬意が感じられる傑作だ。

映画は新兵訓練から始まる。海兵隊は敵が待ち構える地点に上陸急襲する最も戦死率が高い部隊なので、志願してくるのは今も昔も貧しい若者ばかり。この当時は新移民と呼ばれる非WASPの息子たちだ。イタリア人のラガッヅィ、アイルランド人のフリン兄弟、ギリシャ人のヘレンポリス、ポーランド人のチョインスキー、ユダヤ人のシュタイン。新兵たちは最初、英語にもそれぞれの国の訛りが残り、喧嘩も絶えないが、ジョン・ウェイン扮する軍曹の下で友情と団結を育て、「アメリカ国民」へと成長する。それでいて、メキシコの踊りやユダヤ教など、それぞれの民族性や宗教は圧殺しない。共有するのは星条旗だけだ。イタリア系のラガッヅィがジョン・ウェインから正しい星条旗の畳み方を教わり、それをロシア系の後輩たちに伝えていく場面は象徴的だ。

僕はそういうナショナリズムにあこがれ、たぶん今もあこがれている。

10 日本は全然ダメじゃない

改憲派の言うように自虐史観は確かに日本人の誇りを傷つけたと思う。自虐史観は、過去の日本の罪を悔いるあまり、「ムラ社会」だの「長いものに巻かれる」だの「島国根性」だの、日本の民族性そのものを批判する言動につながる。とにかく日本を悪く言うことがインテリやジャーナリズムの仕事みたいになっている。

でも、自虐史観と同じくらい、いや、それ以上に改憲派も日本人の誇りを傷つけてきたと思う。だって改憲派の主張って日本人の悪口ばっかりなんだもん。

曰く、自衛隊は今のままじゃダメだ！

曰く、日本は今のままじゃダメだ！

曰く、日本人はダメになってしまった！

それで国の秩序の要である憲法の悪口ばかり言ってたら、そりゃ法の権威が失墜してモラルも低下するだろうし、国家の威信も下がって国民の愛国心が失われるのも当たり前だ。

右も左も、みんな「日本はダメだ」と言う。

ちょっと待てよ。日本ってそんなにダメか？

全然ダメじゃないだろ。

僕はもう七年アメリカにいるが、アメリカに比べると日本は天国みたいな国だよ。アメリカでは年間一万人以上が銃犯罪で殺されている。三年間で三万人以上。イラク戦争の三年間で米兵の戦死者約二千人、イラク側の戦死者約三万人。つまり日常が戦場と同じなのだ。夜、女性が一人で道を歩くことは不可能だ。

一世帯あたりの年収が二〇〇万円以下の貧困層は三七〇〇万人以上で全人口の一三パーセント。しかもどんどん増えている。労働者と経営陣の年収格差は二百倍近くに広がり、アメリカ国民の総収入の九七パーセントを上位二〇パーセントの富裕層が独占している。貧しい庶民の頼みの綱である国民健康保険はなく、高い民間保険に入れない人々は病院にも行けない。公共交通機関もロクにないから、自動車のない家庭は社会から脱落し、車が多すぎて大気汚染はすさまじい。

国民の祝日は年間に数日しかなく、年次有給休暇の日数は先進国中最低。残業手当が出る会社も少ない。また、就職時の契約で、雇用者は理由を告げずして社員をクビにすることが許されている。サラリーマンは収入の三割以上を税金で取られる。

公立学校は予算不足のせいでボロボロ、やたらと休みが多く（夏休みが三カ月近い）、体育、音楽、美術の時間は廃止。教師の給料が安すぎるためにレベルが低い。小学生程度の読み書きしかできない成人の割合は国全体で二〇パーセントを超えている。また、キリスト教保守の圧力で、南部の公立学校では進化論や天文学を教えることができない。

人工中絶は七〇年代まで違法で、キリスト教保守はそれをまた違法にしようとしている（強姦されて出来た子も産めと言っている）。

がんや心臓病や糖尿病が多くて、平均寿命は先進国のなかでも最も短い。

どう見ても今の日本のほうがずっといい国だ。少なくともすぐに改憲が必要なほどダメとは思えない。

右に列挙したようなアメリカの問題についてはアメリカ人だって当然文句を言って

いる。しかし日本と違うのは、個別の問題を嘆いたり、政府や企業を非難することはあっても、「アメリカって国はダメになった」とか「今のアメリカ人はダメだ」なんて滅多に言わない。右も左も、白人もマイノリティも、そんなことは言わない。

僕はイラク戦争に反対するデモに何度か参加したが、みんな星条旗を振り、国歌を歌いながら反戦を訴えていた。映画『七月四日に生まれて』を観てみて欲しい。実在のベトナム帰還兵ロン・コビックが星条旗を振って反戦運動をし、警官隊に殴られながら「アイ・ラブ・アメリカ！　アイ・ラブ・アメリカ！」と叫ぶ。アメリカに無理やり連れてこられて奴隷として搾取された黒人や、白人に土地を奪われた先住民たちの公民権運動でも、みんな星条旗を掲げ、「ウィ・ラブ・アメリカ！」と叫ぶ。アメリカ連邦政府に逆らって警官隊と銃撃戦をする極右民兵ミリシアも星条旗を掲げて「アメリカ万歳！」と叫ぶし、ブッシュ政権打倒を訴える左翼デモ隊も、イスラム教徒への差別に反対するアラブ系アメリカ人もやっぱり星条旗振って「アメリカ万歳！」だ。こういう愛国心は正直うらやましい。

この愛国心を支えているのは何か？

国旗を焼き捨てる自由、国に反抗する武力を持つ自由すら保障する憲法、性別・民族・人種の平等の実現を誓う憲法なのである。

自由と平等が守られるなら、人はその国に自分の自由を捧げることも厭わない。人は自由であればこそ自ら死ぬこともできる。それが憲法が支えるナショナリズムなのだ。

ヨーロッパではすでにEUでナショナリズムを卒業して次の段階に進み始めた。国民国家のエゴを超える時代に対応するため、平和目的の対外派兵に参加して「国際社会に名誉ある地位を築く」ことを九条改正の目的に掲げている人々もいる。それが自国民を喜ばせるだけの自慰的ナショナリズムを乗り越える努力ならば、もちろん素晴らしい。理想としては、国連本部を日本に招致して日本の軍隊を国連の常設軍にしてしまえば、侵略は不可能になるし、アメリカ追従からも独立できて、さらに国として世界最高の名誉ある地位を得ることになるだろう。しかし、その前に「国民」や「憲法」の意味すら徹底されていない有り様だから、近代とナショナリズムをちゃんと修了できてないように思うのだ。

追記　九条どころじゃなくなったわけで……

九条とは関係ないが、筆者がアメリカに住んでいて、日本国憲法っていいなあ、と思ったことがある。

二〇一〇年、オバマ大統領が医療保険を改革した。アメリカには先進国で唯一、公的な医療保険がないため、民間の保険会社に入るしかなかった。だから貧しい人は保険料を払えないし、過去に大病を患った人は保険加入を拒否された。その人たちの保険料を税金で負担することで、国民全員が医療保険に入れるようにしたのがオバマの保険改革だ。

ところが普通に医療保険に加入しているアメリカ人たちは猛反発した。自分たちの税金で、なぜ貧乏人どもの治療費を負担しなければならないのか！　と怒った。たとえば二〇一一年九月、共和党の大統領候補たちの討論会で質問者が「保険未加入者は治療費が払えずに死ぬしかないんですか？」と問うと、観客席から「イエス！」と野次が飛び、賛同の拍手が湧きあがった。

どうして、こんなことになっているのか？

日本国憲法第二十五条には「（1）すべて国民は、健康で文化的な最低限度の生活を営む権利を有する。（2）国は、すべての生活部面について、社会福祉、社会保障及び公衆衛生の向上及び増進に努めなければならない」とある。国民健康保険はこの条項に基づいている。ところが、アメリカ合衆国憲法には、これに類する条項がない。アメリカ国民には、健康である権利が認められていないし、それを保障する義務もアメリカ合衆国にはない。日本国憲法のありがたみがよくわかった。

さて、この『9条どうでしょう』本が作られた二〇〇六年当時は、憲法改正を掲げた安倍晋三総理の時代だった。憲法改正のための国民投票法も国会に提出され、いよいよ国民ひとりひとりが憲法に対して決定を下さないとならない状況だった。

安倍総理の憲法改正は大きな野望だった。平和憲法を放棄するからではない。憲法とは国のシステムなので、改正された後は違う体制になる。つまり建国や革命に類する事態だ。だから、他の国では、同じ体制下での憲法修正の場合、細かな条項を追加する形になる。ところが、日本の憲法改正派は、前文から根本的に書き替えようとしていた。それをもし、安倍総理が成功させたなら、彼は、歴史的には大日本帝国憲法制定時の伊藤博文首相や日本国憲法制定時の吉田茂首相と同じ「日本を作った偉人たち」の一人になってしまう。

翌二〇〇七年には国民投票法案が可決された。ところが、なんと安倍首相は体調不良を理由に突如辞任を表明。憲法改正をめぐって協力していた自民党と民主党も決裂し、自民党が参議院選挙で大敗、憲法改正論議は聞かれなくなった。

それどころではなくなったからだろう。

日本政府が史上最大の財政赤字を膨らませる一方、戦後日本を支えてきた大企業も国際的な競争で負け始め、ついに日本は貿易赤字国へと転落した。国力の低下を解決する方法も見つからない現状で、憲法九条を改正して再軍備など、とりあえず後回しにするしかない。

さらに二〇一一年には東日本大震災で、福島第一原子力発電所がメルトダウンを起こした。思えば、憲法改正、というか九条破棄運動の先頭に立ってきた中曾根康弘は、日本の原子力発電の提唱者でもあった。その二つは彼が求めていた日本の核武装と三位一体で、世界の強国と肩を並べたい、という愛国心、いや、彼の場合は国家レベルまで肥大した自意識の現れだったのだろう。イランの核開発と同じですね。日本は、労働人口が減っていく一方なので経済的な国力の低下は止められない。中国や韓国が日本に対して国境問題その他で強気に出てきた理由は、もちろん経済力で日本が弱くなった事実と無縁ではない。中国・韓国に対する日本人の反発心は当然、増大していくだろうが、憎しみに反比例して力のほうは衰えていく。

こうした不安と不満から、近隣諸国に強硬な姿勢を示す政治家が庶民の支持を獲得していく可能性がある。第一次大戦後、貧困のどん底に落ちたドイツ国民がヒットラーを求めたように。そうしたら、憲法９条も破棄され、日本は軍隊を持つかもしれない。

しかし、誰が兵隊になるというのか。徴兵制のない、六五歳以上が人口の四割を超える老人の国で。

自分が『９条どうでしょう』に寄せた原稿で言いたかったのは、「そんなに軍隊を持ちたいなら持てばいいが、その場合は自分もちゃんと兵隊やれ」ということだが、国として年老いていく日本には富国強兵は重荷だろう。別の方法で極東における地位を確立したほうがいい。

たとえばローマ帝国におけるギリシャのように、アジアの知恵袋になるとか。つまり長屋で誰からも一目置かれる御隠居さん。え？　そんなの嫌？

三十六計、九条に如かず

小田嶋隆

1　二〇〇六年、愛国発作を懸念する

カレンダーを見ると、今年、二〇〇六年は、スポーツの国際イベントが目白押しだ。

まず、二月にイタリアのトリノで冬季オリンピックが開催され、三月には、WBC（ワールドベースボールクラシック）の第一回大会がある。そして、六月九日からは、ドイツ各地で、サッカーのW杯が開幕する。

で、これらのイベントが一通り終了したタイミングで、自民党の後継総裁選挙が日程にのぼる手筈になっている。

こわいスケジュールだと思う。

というのも、このタイムテーブル通りに事態が進行すると、小泉改革の総決算および次期首班指名に伴って生じる政治決断は、ヘタをすると国民的ヒステリーの中で為されることになるかもしれないからだ。

心配だ。

トリノの選手団は、そこそこの結果を出すだろう。が、メダル獲得が期待できる競

技は、いわゆるマイナー種目に限られている。ヨーロッパで人気の高いアルペン競技やアイスホッケーでは、われわれはほとんどまったく結果を残すことができない。おみそ。

野球は、おそらく、アテネオリンピック（↑金メダルを当然視されながらの銅。しかも、アマチュアのオーストラリアに二連敗）の二の舞に終わる。また、順位とは別に、対韓国戦で惨敗するようだと、われわれのプライドは、その時点で、著しく毀損されることになる。国辱。ヨン様一人がニコニコしてくれたところで、どうなるものでもない。屈辱。私たちは耐えられるだろうか。

非常に不安だ。

最大の試練は、サッカーだ。

ニッポン国民は、前回の日韓W杯でのベスト16を上回る成績を期待している。でも、簡単にはいかない。期待値抜きでマトモに予想するなら、わがジーコ・ジャパンは、一分二敗か、せいぜい一勝二敗が精一杯だ。どっちにしても、グループリーグ突破は不可能に近い。特に、第三戦の対ブラジル戦では、わが国は黙示録的な敗北を喫することになるだろう。0—5とか。いや、なりゆき次第では0—8ぐらいのスコアもあり得る。公開レイプ。ううう。苦しい。

……というわけで、私は、来たるべき失意の夏に惹起せらるる事態を、深く懸念している次第だ。

何を懸念してるのかって？

決まってるじゃないか、憲法第九条の行く末を、だよ。

ん？　関係ないじゃないかって？

何を言ってるんですか。だってあなた、愛国心というのは、屈辱感の兄弟ですよ。いや、「敗北の反作用」と言った方がより適切かもしれない。いずれにしても、国家的屈辱は、国民的怨念の原料になる。そして、国民的怨念は突発的な愛国発作を育み、愛国発作は冒険主義的国粋少年隊の結成に道を開く。うん。大舞台での国辱的惨敗にトチ狂ったオレらは、きっと、十二歳に退行して、大切に守ってきた家宝の九条を蹴飛ばす――自分がチキンじゃないことを証明するために、くわえタバコで通学路を往復するやけっぱちの中学二年生みたいな調子で――と、そのことを私は、もう二年も前から懸念し続けているのであるよ。

くわばらくわばら。

フットボールはバカにならない。

二〇〇四年のアジアカップでどんなことがあったのかを振り返ってみよう。

七月十七日から約二十日間にわたって、中国大陸の四つの都市（北京・済南・重慶・成都）を舞台に開催されたサッカーアジア杯ファイナルラウンドは、一言で言って、異様な大会だった。

日本代表が臨んだ第一戦、重慶での対オマーン代表戦の観客席は、ほとんどすべて「反日」を叫ぶ現地の人々で埋めつくされていた。日本代表チームの応援団や、オマーンのファン、および、純粋にサッカーを見に来た客の総数は、全体の二割にも届いていないように見えた。芝の上では確かにサッカーが行われているのに、だ。

私の記憶では、日中関係が、政府レベルのやりとりとは別に、国民的感情の上で、目に見えて悪化しはじめたのは、この日が最初だった。

ということは、小泉首相の靖国神社参拝に約半数の国民が支持を表明するようになった（前年の同じ頃、小泉さんの靖国参拝は、ずっと評判が悪かった）のも、中国に対するネガティブな感情が、各種の世論調査で表面化するようになったのも、この試合以来で、つまり、憲法第九条の改正を準備する動きに最初の道筋をつけたのは、実に、重慶のスタジアムでの出来事だったのである。

試合当日、テレビ朝日のカメラが現地から送出してくる中継映像は、極力、観客席を映さないアングルで撮影されていた。というのも、観客席には、反日のスローガンを大書した横断幕と、挑発的なノボリが林立していて、とてもじゃないけどサッカーが行われているスタジアムには見えなかったからだ。ついでに申せば、試合開始前のセレモニーで吹奏された「君が代」は、中国人観客のブーイングによって完全にかき消されていた。

決勝戦の日本対中国戦で、北京の観客が示した態度は、さらに険悪だった。北京五輪を控えた中国政府の公安当局が送り込んだ数千人とも言われる圧倒的な警備陣のおかげで、暴力事件こそ発生しなかったものの、日本人の応援席には、点が入る度に、ペットボトルをはじめとする様々なモノが投げ込まれ、ために、幾人かの負傷者が発生した。当日、現地に駆けつけた日本代表サポーターは、「生きた心地がしなかった」と言っている。

が、それもこれも、日本代表が中国代表を破って勝利を決めた後に中国各地で繰り広げられた反日デモの様相に比べれば、まだまだ紳士的だったと言える。事実、デモ隊の一部は、最終的に暴徒化し、北京では、日本大使館への投石や、日本料理店への襲撃という物理的な破壊活動を展開している。

以来、日中関係は、ずっと冷えたままだ。特に、日本人の側の対中国観は、終戦以来、最悪の水準を推移している。

サッカーは、バカにならない。

九条すら動かしかねない。

おそろしいことだ。

もちろん、サッカーやオリンピックは、単にトラブルのきっかけであって、関係悪化の原因ではない。背景には、靖国をめぐる軋轢や貿易摩擦、沿海州のガス田をめぐる神経戦など、様々な問題が横たわっている。また、そうした現在の状況は、遠い過去からの連鎖でもある。先の大戦や、それ以前の満州での出来事。それらへの謝罪や賠償をめぐるあれこれ。南京で起こったことや起こらなかったこと。それらについて誰かが言ったことや言わなかったこと。歴史は、やっかいなものだ。

しかし、状況がいかに複雑であれ、状況を動かしているエンジンは、意外に単純だ。

新聞を読まない若者や、面倒な議論を嫌う中高年は、歴史的な行きがかりや文化的な摩擦をあまり重視しない。南京も知らないし、沿海州にも興味を持っていない。ただ、眼前のテレビ画面の中で自国の選手に罵声を浴びせている中華人民の中華な振舞いに、強い印象を抱くのみだ。

「失敬じゃないか」

「まったく○○○○○ってのはどうしようもねえ○○だな」

……さよう、次元の低い反応だ。

が、世論というのは、元来、そうしたものなのだ。歴史マニアが二国間交渉をリードしているわけでもないし、見識の高いインテリが政治をドライブしているのでもない。

現実の社会を動かしているのは、多数派に属する人々……すなわち、無知で、短絡的で、時に感情的な、市井のテレビ視聴者たちなのだ。

だからこそ、スポーツイベントの期間中に発生した一過性の暴動が、かくも巨大な影響力を発揮しているのであり、そうであるからこそ、憲法第九条の条文が、静かな実効性をもって両国間の平和を担保……しているのだろうか？　だといいのだが。

2　国辱の元凶探しを恐れる

救いは、最終的に日本が優勝したことだった。

もしあの状況で、半月以上にわたる執拗な侮蔑と失礼にさらされながら、私たちの日本代表チームが最終的に中国に負けていたら、われわれの対中感情はもっと致命的に硬化していたはずだ。

「ざまあみやがれ」

という感情は、もちろん立派な反応ではないが、それでも
「ちくしょう。おぼえてやがれ」

よりはずっと良い。

屈辱は、国家の健康状態にとって、最悪な危険要因になる。そういうことだ。

で、今年のW杯だ。

私は、国辱を恐れている。

国辱のうちにある国民は、どうしても愚かな選択をしがちなものだからだ。

仮に、今後の闘いの中で、トリノ五輪がメダルゼロに終わり（結果は荒川静香選手の金メダル一個のみ）、野球がベスト8止まりで、サッカー日本代表が0―1、0―4、0―6ぐらいの国辱的三連敗ということになったら、いったいその屈辱の責任は、誰が引き受けることになるのだろう。

ジーコ？

勘弁してあげてほしい。

彼もまた、犠牲者だからだ。

敗北は結果に過ぎない。むしろわれわれは、迷える子羊たちを率いて大海原を渡ろうとした彼の勇気をたたえてしかるべきだと思う。

海が割れなかったのは、領導者の責任ではない。われわれの選手たちが割れない海に呑まれて死滅したのは、モーゼの駄法螺のせいでもなければ、ニューオリンズの呪いでもない。ましてや溺死ランドジャズのパロディー……って、うん、不謹慎だよな。撤回する。つまりこういうことだ。サッカー弱小国の溺れる子羊であるわれわれは、目の前に漂流していた藁をつかんで、ワールドサッカーの大海原に乗り出し、そして失敗した、と、それだけのことだ。

だとすれば、誰がわらしべ長者を責められるだろう。

そう。国民的屈辱の責任を引き受けられる人間など、どこにもいない。

責任を取れるものがあるのだとすれば、歴史だけだ。

で、現状、国民的敗北の責任を、目の届く範囲の歴史に求めると、その中心には、どうしても第九条が浮上してしまう。だって、われらが九条は、闘いを放棄するという、世にもマレな敗亡賛歌であり、およそ国家というマッチョイズムの化身が演じるとも思えない尻尾クルクルの土下座踊りだからだ。

特に屈辱に曇った目を持つ人間にとって、九条は、新たな屈辱の呼び水にしか見えない。

九条は、勝ち組の余裕があってこそ笑ってできる徐行運転みたいなもので、ノロマ呼ばわりされたが最後、弱い子ぶりッ子の貫徹は不可能に近い。

「おい、オレたちの代表チームの、あの、爆発的なだらしなさはどういうことなんだ？」

「技術もフィジカルもだけど、なんといってもメンタルが弱すぎだよな」

「弱虫毛虫のヒキコモリサッカーだぞ。どっからどう見ても」

「激ヨワっていうか、爆ヨワだな」

「やっぱり、徳川三〇〇年の鎖国がいけなかったんだろうか？」

「そんなことはないだろ。うちだって、明治からこっち、たとえば日清日露では、けっこう勇ましい兵隊だったんだし」

「だよな。カミカゼとかで連合国を震え上がらせたことだってあったわけなんだから」

「とするとやっぱりアレだ。戦後民主主義という、ナマヌル社会の温室効果が諸悪の根源だと思わないか？」

「それと、ゆとり教育」

「うん。いずれにせよ、戦勝国のアメリカがオレらの大和魂を弱体化させるために案出したシステムだってことだ」

「ってことは、そもそも日本国憲法がいけなかったわけだ」

「うむ。特に九条」

「だよな。だって、条文を素直に読んだら、軍備の放棄のみならず、自衛権から交戦権からすべて投げ出してるんだもんな」

「つまり、占領下の支配民に対する武装解除要求そのものだよな」

「っていうか、ブラジル戦の展開そのまんまじゃないか。《ペナルティーエリア内のシュートは、永久にこれを放棄する》ってさ」

「要するに、自分の国を自前の軍隊で守るという最も根本的な権利をオレらの国は放棄しているわけだよ」

「ってか、それ、権利がどうのこうのというより、国家としての成立要件そのものが欠落してるってことじゃないのか? じっさい、自衛権も交戦権も持ってない国家が仮に存在するんだとしたら、そりゃSFだぞ」

「屋根も壁もない家っていうのと同じだな」

「壁はないけどドアと窓だけはある、と」

「しかも、家賃を払ってる」

「結局、アレだ。自衛権を持たない国のサッカー選手が、ディフェンスなんかできるものかってことだよ」

「っていうより、そもそも《国の交戦権は、これを認めない》とか言っちゃってる国のミッドフィルダーが一対一の競り合いでボールを奪取できる道理があるか？」

3　嫌われる九条

私自身は、戦後民主主義および憲法第九条は、わが国の戦後にとって福音だったというふうに考えている。

が、以上に引用したサッカーファンの会話のうちにも散見していた通り、いまや、九条の人気は低迷して久しい。

ファンとして、淋しい限りだ。

よって、本稿では、以下、九条の不人気傾向の原因を探るとともに、九条を再生する道を模索して行きたいと考えている。

なにより九条が高らかに謳いあげた「丸腰の平和」は、わが国が国際社会にいちはやく復帰するための通行手形として立派に通用してきたわけだし、日本経済を、軍事支出（↑「重い槍予算」ね《笑》）という二十世紀の桎梏《しっこく》から解放した功績は果てしなく大きかった。

そうだとも、疲弊した焼け跡ニッポンが、高度成長に向かってジャンプするための原資を作ってくれたのは、九条だった。

なのに、どうして九条は嫌われるのか。

九条のどこが反対派の神経を逆なでしているのだろう。

いや待てよ。九条が機能していたのが事実であるとしても、それは、今後とも永久に死守すべき、永遠の理想なんだろうか？

……ひとつだけ、はっきりしているのは、私が九条を気に入っているということだ。であるから、本稿を通じて、九条の有効性を立証できたらうれしいと思っている。

立証できなかったら？

……たとえば、九条を半分に折りたたんで「四条半」を立案するというのはどうだろう。

より狭小な国土を、よりセコく防衛するための、よりケチくさいチキン宣言。

「オレらは、国際社会に出て行かないし、島国に蟄居して静かに生きることにするから、お願いだから侵略とかしないでくれよ」

みたいな。

……って、これ、鎖国じゃないか。

冗談を言っている場合ではない。

いま、九条にとって必要なのは、「有効性を立証する」などという消極的なサポータ―シップではない。

九条を武器に闘う、という戦闘的な姿勢だ。

そう。平和のための闘い。

おなじみの逆説だ。

が、われわれが掲げるこの逆説は、「武器による平和」や「平和をもたらすための戦争」ほど血なまぐさいものではないし、「軍事的なパワーバランスの均衡による両すくみの平和」や、「ピースメーカーという名前の戦略爆撃機」ほどグロテスクなものではない。

九条は、掟破りの条文だ。

たとえるなら、ボクシングにおけるノーガード戦法、ないしは、サッカーにおけるノーキーパー戦術（←ええ、そんな戦術は存在しませんが）に近い。

とすれば、この戦法は、よほどのフットワークと戦術的洗練がなければ貫徹できない。また、それゆえにこそ、九条のような例外的な規定は、一〇〇パーセント戦闘的に訴え続けなければならないのだ。

日本一国だけが九条を堅持していても、その効果は限られている。刀狩りは、全国一斉に貫徹しないと、効力を発揮しない。

だからこそ、われわれは、国際社会にあまねく九条を広めるべく……

ま、いきなりは、無理だな。

せめてサッカーを広めよう。

サッカーは、一面、愛国心を鼓舞するスポーツだが、だからといって、よく言われる、「代理戦争」そのものではない。

競技の興奮を国威発揚に利用せんとする権力者は多いし、スタジアムに集う興奮しやすい観客は、いつでも政治家たちのプロパガンダの標的になってきた。

が、スタジアムの興奮は、揮発性だ。

愛国心も同様。

せいぜい九十分しか持たない。

それゆえ、フェアに闘われたサッカーの国際試合は、こじれた愛国心と、先鋭化した攻撃欲求を安全な方向に減圧する安全弁として機能する。

といったあたりで、サッカーの話題は終えよう。要は三連敗さえしなければ良いのだ。九条にとっても、近隣アジアの安定のためにも。

4 危険な理屈はどっちだ

まず、本筋から検討しよう。

国防の観点から第九条の危うさを指摘する議論は、ずっと昔からあった。

というよりも、第九条への批判として、本質的かつまっとうな議論は以下の一点に尽きている。すなわち
「憲法第九条は、果たして、国防政策として有効なのか」

という問いだ。

このほかにも、九条に対する反対論の中には、「普通の国」としての「品格」を保つ上で、九条が邪魔になっているという意見がある。これはけっこう有力な説で、かなり広範囲の論客が同じ問題を指摘している。

憲法そのものが「お仕着せの条文」である点に非を鳴らす議論もある。まあ、伝統的なアプローチだ。屈辱。

これらとは別に、「愛国心」や「青少年教育」との関連で、九条が果たしているネガティブな影響力を問題視している向きもある。

いずれも、簡単な問題ではないが、とりあえず、以上の論点については、後述することにして、まずは、国防についての質問を片付けておくことにする。

九条は国防放棄の規定ではない。国防のための条文だ。そう。国防が第一。国が滅んで、九条だけが残ったというのは、寓話としては面白いが、国民はたまったものではないだろうからして。

で、いきなり、答えを述べる。

イエスだ。

つまり、九条は日本の国防政策の基本方針として十分に現実的かつ有効だ。九条のもとで、十分に国は守れる。

理由は、戦後からこっち、われら日本国民が、六十有余年の間、ひとたびの戦争も経験せず、具体的な侵略の脅威にさらされることもなく、平和のうちに暮らしてきたという実績を挙げれば足りる。

「これまで大丈夫だったから、これからも大丈夫だなんていうのは、無責任だ」

という人々があるかもしれない。

が、コトは国防だ。

新機軸や新体制を試すよりは、現状がうまく機能しているのなら、現状維持が一番だ。安全第一。徐行運転。平和ボケと言わば言え、だ。

一体に、軍事オタクの人々は、戦地にこそ平和があるといった背理に陥りがちだ。

具体的に言うと、

「国の安全をまったきものにするためには、来たるべき戦争に備えて、軍備の更新を怠らず、常に周辺国の動向に警戒の目を配り、さらに、隣国の侵略意図を事前にくじくべく、時に威嚇と恫喝をカマしておくだけの用心深さが必要だ」

式の理屈は、細心なようでいて、かえって危険だったりするということだ。

右の「常在戦場」的な心構えは、内乱勃発中の国や、常に国境紛争をかかえている第三世界の小国や、過去五年以内に、実績として戦争が勃発していた地域では有効かもしれないが、日本には当てはまらない。っていうか、現今の極東アジア情勢において、周辺国に察知できる形で「戦争準備」を遂行したり、「軍事的な示威行動」をやらかすのは、いたずらに緊張を高めるだけ。愚の骨頂だ。

結局、表面的にであれ平和が保たれている場所では、少なくとも表面的には「平和ボケ」の表情をうかべて日々を暮らすことが、最も平和的な生き方なのである。

もっとも、憲法第九条の条文を厳密に解釈すると、現状の日本よりもさらに丸裸な軍事的空白ができあがるというのも、また、痛々しい事実ではある。

虚心に読めば、意味論的には、九条は自衛隊の存在を容認していない。

さらに言うなら、日米安保条約もかなり真っ黒なグレーゾーンにはいる。

ということはつまり、九条の理想を真正直に実現すると、モロな「非武装中立」の一大実験国家が極東アジアに出現することになるわけだ。

……と、どうなのだろう。

こりゃ、大丈夫なんだろうか？

正直な話、見当がつかない。

軍事の専門家でもないし、歴史通でもない私のようなものには、「非武装中立は可能か?」という質問は、重すぎる。

だって、SFみたいだし。

ぶっちゃけて言えば、個人的には

「案外大丈夫なんじゃなかろうか」

という感じを抱かないでもないのだが、それはそれとして、一国の国防を

「案外大丈夫なんではあるまいか」

みたいな感覚に委ねるだけの勇気は私にはない。やっぱしダメだった時のリスクが大きすぎるがゆえに。

ので、

「わかりましぇん」

と言っておく。

5　憲法の役割って

さて、以上に展開した立論には、実はちょっとしたアナがある。

具体的に言うと、私が認定している「九条の有効性」は、実際のところ、条文を字義通りに解釈した時の理論的な帰結（つまり非武装中立）に立脚したものではなくて、「憲法違反スレスレの憲法解釈のもとで実施されている軍事政策」（すなわち、自衛隊＋日米安保体制）を前提としている点だ。

理屈にうるさい向きは、

「九条が有効だというのなら、九条が説くところの非武装中立の実現を強く主張すべきだし、骨抜きになった九条を元にその有効性を主張しているのなら、九条そのものの現実性は、言下に否定しなければならないはずだ」

と言うだろう。

おっしゃる通り、私の言っていることは、少しく矛盾している。

が、「憲法の現実性」というステージでは、私の言っていることは間違っていない。どういうことなのかというと、憲法というのは、理想を表明する装置であって、刑法や民法といった実定法とは意味や性質が根本的に違っているということだ。

九条に限らず、憲法の条文は、いずれも「理想であって現実でない」話ばかりだ。二五条（いわゆる生存権）が保障している「健康で文化的な最低限度の生活を云々」

にしても、それができない国民が日本中にゴロゴロ転がっている現実を鑑みるに、空文と言えば言える。ってか、空文ですよね。ほぼ。

納税や教育の義務だってテンから無視している人々は絶対にいる。思想・信条の自由が完全に守られる道理だってありゃしないし、表現の自由なんてものはモロに絵に描いたモチだ。

それでも、そうした理想は高く掲げられなければならない。

というよりもむしろ、実現が困難であるからこそ、理想は力を持つことができるのであって、そうした理想を高々と掲げることこそが、憲法の第一義的な役割なのである。

それゆえ、「九条は青臭い理想に過ぎない。現実を見ろ」という批判は、九条の急所を突いたことにはならない。

なるほど青臭い点についてはご指摘の通りだが、君たち政治家が実現すべきは、憲法が示した理想を現実化する仕事だ、という、それだけの話である。

逆に言えば、まったく青臭い成分をふくまない一〇〇パーセント現実的な施策は、あえて憲法に載せる必要すら持たない。

6　問題は目指す方向だ

さてしかし、「国民国家が進むべき道筋として掲げた理想」であるところの憲法の条文は、理想であるがゆえに、生身では使い勝手が悪かったりする。で、現実に適用するにおいては、若干の修正を余儀なくされる場合が多い。九条の場合で言うと、条文の文意を曲げて、自衛隊というまやかしの軍隊を容認しているあたりが、その修正分に当たる。

卑怯？

反論はしない。

美しい理想と、ちょっとだけ卑怯な逸脱。結婚生活の真実。はは。

もちろん、無限に修正して良いというものではない。

条文が謳いあげている理想と、現実の政治情勢が要求する施策が、あまりにもズレている場合は、憲法を改正せねばならない。たとえば、内閣総理大臣たるキミがどうしても核武装をしたくなったとか、なんとかして自衛隊の海外派遣に向けて確かな道筋をつけたいと思うなら、いきなり政策を実現する前に、まず、憲法を改変せねばならない。核武装や海外派遣は、「解釈」の範囲を超えて、明らかな憲法違反だからだ。

いや、釈然としない気持ちはよくわかる。

「憲法違反」と「法解釈」の境界が曖昧だし、そもそも「条文」に対して「解釈」の余地を許している時点で、潔くない。うん。

が、正しい着地点は「理想」と「現実」の境界領域にある。な、そういうものなのだよ。

たとえば、憲法の条文を一〇〇パーセント厳格に適用して、あらゆる矛盾を排除すると……残念だが、憲法は機能しない。

といって、個々人が思いのままに身勝手な解釈をしていたのでは、法律が法律である意味がなくなってしまう。

というわけで、「判例が認める落としどころ」に向かって、話は落着する。

九条の場合で言えば、「《非武装》と言っても過言ではないレベルの、周辺国を刺激しない最低限の軍備」ぐらいなところが、憲法解釈の「落としどころ」になる。

「たくさん汗をかいた日には、レシピに書いてあるより、小さじ半分ぐらいしょうゆを多めにしても良いでしょう」

ぐらいな、ちょっとした逸脱。またの名を応用。アプリケーション。

憲法の条文を評価する上では、この「落としどころ」の部分を加味して考えるべきだ。

その上で、その条文が「理想」として、正当かつ妥当であるかを検討する。

仮に、一〇〇パーセントの実現が現状では困難であっても、将来にわたっての指針として、また、国民国家のグランドデザインとして、「非武装中立」という理想は、十分に説得力を持っている、と、そういうふうに考えれば、九条は、まだまだ十分な命脈を保っている、と私は思う。

肝要なのは、条文の現実性ではない。

その方向だ。

最終的に目的地に到達できるのかどうかは別として、いったい自分たちがどっちの方向を目指して歩くのかを決める、その方向を照らす明かりが憲法であり、であるとすれば、遠い場所であれ、近い場所であれ、方向だけは、はっきりさせておかねばならない。

で、先の大戦での敗北を踏まえて、われわれは、「平和国家」という方向性を打ち出して、それに向かって歩くことにした。それが第九条だ。

実際にまったくの丸腰で国際社会を渡っていけるのかどうか、それは九条が答えるべき質問ではない。九条のもとで国防政策を立案するその時々の政治家たちが、アタマを絞って、最大限の努力を払うべき問題だ。

7 そんなに「普通」になりたいの

次に、「普通の国」について。

これは、小沢一郎氏がよく口にする言葉で、おそらく真意は

「世界中のどこの国を探しても、国防を放棄している国なんて一つもありゃしないぞ」

といったあたりにある。

つまり、

「国防という国が国であるための一番最初の前提を捨て去っておいて、何が国なもの

か」

という主張だ。

「いったいどこの世界のアホウが《平和を愛する諸国民の公正と信義に信頼して、われらの安全と生存を保持しようと決意した》なんていう寝言を掲げることで国を守っているつもりになれるんだ？」

「っていうか、日本国憲法っていうのは中学生のポエムなのか？」

「だからさ。こんな寝とぼけた憲法は、さっさと改正して、普通の国になろうぜ」

……なるほど。

小沢さんの言っていること（←半分ぐらいはオレが勝手に言わせたわけだけど）は、ほぼ当たっている。

経済力や軍事力の都合で、事実上国防を断念している国は探してみればけっこうある。

が、あえて法律の条文で、自ら軍事力の保持をキャンセルしている国は、おそらく世界中に日本しかない。

永世中立国と言われているスイスでさえ、きちんとした軍隊を持っている。

とすると、日本が「普通の国」じゃない、という指摘は、これはズバリ大当たりだ。とはいえ、現実には、日本は、世界でも五本の指に入る防衛費を計上しているちょっとした軍事大国だ。ついでに、世界一の軍事大国アメリカとの間に事実上の軍事同盟を結んでいたりもする。

なあんだ、普通じゃん。

が、小沢さんは、たぶん、こんな答えでは満足してくれない。

「欺瞞だ」

と、おそらく彼はそう言う。なるほど。

憲法の条文と自衛隊の存在をめぐるこのややこしい現況は、たしかに、欺瞞的だし、また大いに珍奇でもある。が、しかしやはり、丸腰海外派遣といった調子の不条理に耐える自衛官の皆さんの実存的苦悩を眺めるにつけ、私は、第九条の呪術的な平和実現圧力に感銘を禁じ得ないのである。

撃たないための鉄砲としての自衛隊。存在しない軍備としてのナイキミサイル。

小沢さんは、わかってくれるだろうか？

否。わかってくれない。

彼の真意は、条文の解釈だとかいった瑣末な形式理論とは別なところにある。

おそらく小沢さん（および、日本人のおそらく半分近くを占めるかもしれない「普通の国」論者の皆さん）が提起しているのは、九条をはじめとする日本国憲法が想定している日本国が「主権国家」の体をなしていないという、「国家観」の問題だ。

彼らに言わせれば、日本国憲法における「国家」は、国際法上の国家として通用しない、極めていびつな烏合の衆に過ぎない。そんな不完全な「国家観」を定立するための憲法など、はじめから無価値（と、そこまでは言っていないかもしれませんが）だ、と、そういうことを小沢さんは言いたいのだと思う。

極めてまっとうな主張だ。

確かに日本国憲法は、変だ。そして、その偏奇さには、それが占領軍の手で起草された憲法であるという事情があずかっていることも、事実だと思う。すなわち、敗戦国たる日本の武装解除を第一の狙いとして書かれたこの憲法は、自衛権という主権国家の基本的人権にあたるものを想定していないのだ。

が、それでもなお、私は、日本国憲法を擁護したいと考えている。

なんとなれば、私たちの日本国憲法は、奇妙ではあっても、実効的だからだ。それに、「普通じゃない」日本国憲法が規定している、「夢幻的な戯画のような」(→H. G. ウェルズがその著書『世界史概観』の中で日本の近代史について使っていた表現。あんまり素敵なので、初めて読んだときから三十年以上たった今でも覚えている)日本の国の姿は、なんだかジョン・レノンが歌っていた「イマジン」の国みたいで、とても魅力的だと思う。

8 新しい国家の条件

実際の話、日本国憲法における「日本」が、主権国家の体をなしていないというのは、ほぼその通りだ。が、そもそも「主権国家」が十九世紀的な概念である点に思い至るなら、二十世紀の半ばに出発した人工国家である日本国が、従来の国家とは違った相貌を持って生まれてきたことは、むしろ当然ですらある。

「占領軍」による「お仕着せ」の憲法である旨もたしかに度々指摘されている通りだが、条文を子細に読めば、日本国憲法の原案を作成したアメリカの若い法学者たちの抱いていた理想が、極めて純度の高いものであったことがわかる。

おそらく、彼らとて、自国の憲法の条文を起草させられたら、ここまで大胆な理想主義を貫徹することはできなかっただろう。

理想である以上、若干ポエムっぽい点は否めない。文体が翻訳くさいことも。

しかし、全体として、日本国憲法は、悪くない。ほとんど美しいとさえ言える。

なにより、国家観が良い。

国家主義者に言わせれば、国防を放棄した国家は、タイヤを持たない自動車が自動車でないのと同じように、そもそも国家ではない。なんとなれば、近代国家の第一の機能は、まず何よりも国防だからだ。

が、新しい国家は違う。

新しい国家は、主権国家が国防のための捨て石と考えていた当のもの、すなわち国民の生命をなによりも優先して防衛する対象としている。

以下は、私が二年ほど前のウェブ日記に記した文章の一部だが、もともとの腹案は、とある国家主義者との論争から来ているものだ。

当稿の主旨とシンクロしていてなかなか面白いので採録する。

S誌に目を通す。
巻頭のコラム子は
「日本人には、国のために死ぬ覚悟があるんだろうか」
と言っている。
ふむ。
君たちの言う「国」というのは、具体的には何を指しているんだ？
「国土」「国民」あるいは「国家体制」か？　それとも「国家」という概念か？
でないとすると、もしかしてまさかとは思うが「国体」か？
はっきりさせてくれ。
なにしろ命がかかってるんだから。
もうひとつ。
「死ぬ」というのはどういうことだ？
私の死が、どういうふうに私の国のためになるんだ？
そのへんのところをもう少し詳しく説明してくれるとありがたい。

もうひとつある。

「国のため」と言う時の「ため」は、実質的にはどういうことなんだ？　防衛？　それとも版図の拡大？　経済的繁栄？　あるいは「国際社会における誇りある地位」とか、そういったたぐいのお話か？

いずれにしろ、「これも国のためだ」式の通り一遍な説明で「ああそうですか」と無邪気に鉄砲を担ぐわけにはいかないな、オレは。

国家権力を掌握している人間の利益を守るために、国民が命を捨てねばならないような国があるんだとしたら、先に死ぬべきなのは国民より国家の方だということになるが、君たちはこの答えで満足してくれるだろうか？

公の思想？

ははは。

「公」という字を良く見てごらん。

ハムというのは、死んだ肉で出来ているんだぜ。

「国のために死ぬ」ということの中には、「国家転覆を図る革命分子と闘う」ことも含まれているんだろうか？

とすると、少し問題がある。

だって「革命分子」も、彼らの意識の中では国のために革命をやっているはずだからだ。

「国」というのは何だ？

君たちの想定する「国」と革命分子の想定する「国」が違うものなのだとしたら、そりゃ単に内乱ってことにならないか？

逆に訊ねるが、君たちは、国民に死を要求するような国に対して忠誠を尽くすことができるのか？

ついでに言えば、君たちが二言目には口にする「愛する者や家族が目の前で殺されているのを座視するのか」一式の設問は、無効だよ。

覚えておくと良い。

質問は、答えを限定する。

より詳しく言うなら、質問というのは、時に、回答者の思考形式を限定するための手段として用いられるということだ。

とくにイエス・ノーで答えさせるタイプの質問形式は、多くの場合、回答者を、質問者の側があらかじめ用意した枠組みにはめ込む罠として機能する。

「ということは、君は自分の妻や娘が敵国の兵隊に輪姦されてもかまわないというんだな?」

「アムウェイに参加して自らを向上させるか、それともこのまま惰性のうちに生きるのか、あなたはどちらを選ぶのですか?」

「ねえ、答えてよ。私と別れたいの、それともこのいやらしいトカゲをあきらめるの?」

「無茶言うなよ。酒をやめろなんて、オレに死ねって言うのか?」

「ママにはっきり説明してちょうだい。どっちがいいの? 算数の塾に行くのと、うちの子でなくなるのと?」

枠組みは常に悪用される。

「国を守る」ということと「家族を守る」ということが無批判に同一視されているような質問は、発された時点で既に罠だってことだ。

家族が暴漢に襲われている状況と国が戦争をしている状況は同じものではない。それどころか、逆かもしれない。

だって、相手の国にとっては、暴漢はこちらということになるからね。

つまり、君たちの質問の意図は、仮想敵国を強盗殺人犯に仕立て上げるところにあるわけで、国防とはまったく関係がないのだよ。

兵隊が何を守るか知っているか？

国土？

ははは。

幸運な場合、結果として兵隊が国土を守ることもあるだろう。

しかし、たいていの場合、兵隊が守るのはなによりもまず、軍隊の秩序であり、上官の命令だ。

そして軍隊の機能はなによりもまず殺人であって防衛ではない。

殺人が防衛の手段になるということが事実であるにしろ、軍隊の本意は防衛にはない。あくまでも殺人ということが彼らの動機であり目的であり存在意義です。

さらに言うなら、その軍隊が命にかえて防衛するのは、国民の安全ではなくて、権力者の意志だよ。

権力者の意志が国防にあればそれでいいじゃないかって？

そうかもしれない。

しかし、その権力者と対立する陣営の権力者の意志もまた国防にある。

そして、国防という概念は敵の側から見れば侵略と区別がつきにくいものだ。

ってことは、忠良な国民をかかえた二人の権力者は、自身の国防のために互いに侵略をし合うことにならないか？

国のために命を捨てるのはけっこうだ。

が、それが相互侵略のためだとしたら、犬死にどころか無理心中じゃないか。

9　極私的九条改正案

人々をして軍備へと向かわしめるものは、なにも侵略の危機ばかりではない。

最も単純な次元では、兵器そのものが持っている機能美（ないしは筋肉美）が、われわれを誘惑するという事情がある。男の子は多かれ少なかれ、武器が好きだ。これは、理屈ではない。宿命だ。コストを度外視したフォルムと、暴力的なまでのパワー。

軍備は、本能に訴える。

反戦活動家の青年でさえ、急加速しながら上昇するジェット戦闘機の轟音とその機体が空中に刻む放物線の軌跡を見上げる時には、思わずうっとりする。

自国民を拉致し去ったあげくに、こちらの抗議に対してマトモな返事さえよこさない隣国に直面した時、あるいは、日本人を殺した犯人が逃げ込んでいるのに、犯人の引き渡しを拒まれた時、われわれは考える。

「こんな時、うちの国にちゃんとした軍隊があれば、こんなナメたマネはされないのだが」

と。

そう、軍備へのあこがれは、国防と無縁な場所で起こる。

たとえば、近所のコンビニの床に、茶髪の若い連中が座り込んでいるのに出くわした時。

また、ニートが増加しているというニュースに触れた時。

そういう時、たとえば、私の伯父は、かならず徴兵制の復活を主張する。

国を守るためではない。

ぶったるんだ若いヤツらの根性をたたき直すためだ。

九条が人々をいらつかせるのは、必ずしもそれが国防をないがしろにしているからではない。ひとつには、九条を九条たらしめている思想が「公」という考え方を毀損しているからだ。

利己的な若者たちを見るにつけ、あるいは、微温的な町の風俗を眺めるにつけ、鉄血傾向のマッチョな男たちは、この国のヤワけた現状を憎む。そしてこの国に蔓延しているすべての女々しくもだらしのない、唯物的にして個人主義的な退廃を許しているのは、ほかならぬ九条だと思う。国民を甘やかし、若者を血と汗と鉄から遠ざけ、国家から危機感を奪い、子供たちに愛国心を植え付けることを拒むすべての戦後的なものの象徴として、彼らは九条を憎むのである。

……と、しかし、奇妙なことに気づく。

ネット右翼と呼ばれる人々の主張をまとめてみると、彼らは、おおよそ以下のような日本人を希求していることがわかる。

一、国の名誉のためには、命を投げ出すことも厭わない自己犠牲の精神
二、国の名を辱める相手に対して、一致団結して闘う団結力
三、国益のためであるなら、どんなに粗悪な品質であっても必ずや国産品を選ぶ消費行動
四、仮想敵国の不幸をおおっぴらに喜ぶ心性
五、目上の人間に対する卑屈なまでに従順なマナー

って、これ、韓国そのものじゃないか。

そう。意外なことに、二言目には嫌韓を言い立て、韓国製品や韓国に関連する作品・人物を一言でもほめようものなら、すかさず売国認定ないしは在日認定を押しつけてくる筋金入りの嫌韓が、理想としている国は、なんと韓国なのである。

ねじれは別のところにもある。

憲法第九条の熱烈な支持者のひとりに、おそらく今上天皇がいるということだ。

もちろん、天皇が公的な場所で、九条への思いを語った事実があるわけではない。

が、二〇〇五年六月のサイパン訪問の折に、急遽韓国人戦没者の慰霊塔（韓国平和記念塔）を参拝していることをはじめ、現代日本の公的な立場にある人々のうちで、

最も頻繁に、かつ真摯に「反戦」と「平和」について言及しているのがほかならぬ天皇皇后両陛下である事実は、銘記しておくべき事実だ。

二〇〇四年の園遊会では、こんなこともあった。

――園遊会には、日産のカルロス・ゴーン社長や将棋永世棋聖で東京都教育委員の米長邦雄さんも招かれ、米長さんが陛下に「日本中の学校で国旗を掲げ、国歌を斉唱させることが仕事です」と話し、陛下が「やはり、強制でないことが望ましいですね」と応じられる場面もあった。――（「読売新聞」二〇〇四年十月二十九日朝刊）

何気ない記事だが、末尾の余韻はなんだか感慨深い。つまり、この国の右傾化に歯止めをかけているのは、いまや天皇家の人々であるということだ。

九条の命運は、おそらくこの数年のうちに決まる。

もしどうしても改正せずにおかないというなら、こういうのはどうだろう。

日本国民は、正義と秩序を基調とする国際平和を誠実に希求し、国権の発動たる戦争と、武力による威嚇又は武力の行使は、国際紛争を解決する手段としては、永久にこれを放棄する。

前項の目的を達するため、陸海空軍その他の戦力は、これを保持しない。国の交戦権は、これを認めない（笑）。

いや、末尾に（笑）を付け加えただけなんだが、これだけのことで、条文全体の印象がずっと柔軟になる。

陛下も賛成してくれると思う（笑）。

追記　六年の変化など誤差である

憲法が見据えている未来は遠い。

別の言い方で言えば、憲法が採用しているタイムスケールは、われわれの人生を単位とするものではなくて、国家の運命をその尺度として想定しているということだ。だから、簡単に変えることはできない。

仮に、憲法と現実の間に食い違いが生じているのだとしても、そのことを理由に条文を改変するのは本末転倒だ。

憲法は家訓のようなものだ。守れないからという理由で家訓を書き改めることは、先祖の志を踏みにじる行為になる。百点満点のテストで、三十点しか取れないからといって、満点を五十点に引き下げてはいけない。そんなことをしても学力は向上しない。身長を伸ばすために身長計の目盛りを狭くするのは、自己欺瞞にほかならないからだ。

法の精神からすると、憲法の理想と国家の現実の間に齟齬《そご》が生じた場合、変えなければならないのは現実の側だ。

むろん、一朝一夕に現実を変えることはできない。自衛隊が憲法の条文と矛盾しているからといって、それを即座に排除できるものではない。が、それでも、憲法を戴いている国は、せめて方向だけは、それが指し示している理想に向かって進まなければならない。

なので、私は『9条どうでしょう』のために書いた拙稿にも手を入れなかった。細かい部分で、補足しておきたい箇所がなかったわけでもないのだが、憲法についてなにかをする時には、私のような者であっても、遠くを見据えてかからなければならない。であるとすれば、六年ぐらいの経年変化には、目をつぶらなければならない。

この五年の間に、わたくしどもの国をめぐる「現実」は、大きく変わっているように見える。大きな地震があり、原子力発電所が爆発し、竹島に韓国の大統領が上陸した。尖閣諸島の近海には中国の艦船が行ったり来たりしている。

それでも、九条は変わらない。

歴史的な尺度を宛ててみれば、この六年の「変化」は「誤差」に過ぎないからだ。

というよりも、「現実」がその条文から浮き上がって見えている時ほど、九条の文言は、その輝きを増すのである。

だから、窮状にあっては九条を紐解け……と、こういうオチにはしたくなかったのだが、思いついてしまったものは仕方がない。

オチについては、次の重版の際に見直してみたい。

なあに、ほんの一瞬だ。

普通の国の寂しい夢——理想と現実が交錯した二十年の意味

平川克美

1 問題はそこにあるのではない

憲法とはまことに不思議な存在である。玄人筋（というものがあるとして）には、あるいは自明のことかもしれないが、わたしには、憲法は誰のための「法」であるのか、憲法を作ったり改変したりする権利は誰が有しているのか、憲法は何によって憲法と認められるのかという疑問に対して明瞭な答えが見つからない。考えれば考えるほど、調べれば調べるほど、不思議なポジションを持つテキストなのである。

司法が下す憲法違反の被告は、国である。あるいは、政治家、役人であって、わたしたちのような市井の人間ではない。しかし、しばしば憲法違反の被告が、憲法の瑕《か》疵《し》を論じて胸を張り、恥じるところがない。

憲法を制定するのは、本来主権者たる国民であるのだが、その代表である国会議員が、その憲法の侵犯者にもなる。法律とは、論理的な一貫性によって担保されるもののはずだが、神を審判するものがないのと同様に、憲法を審判する法律はないのである。憲法それ自体の正しさを、誰が、何によって判断すべきなのかという法の番人は霧の彼方に霞んでいる。

そんなわけで、憲法を憲法たらしめるのは、論理の一貫性といったものではなく、むしろ憲法を憲法たらしめている信頼、あるいは（他に適切な表現が思い当たらないのだが）信仰なのではないのかと思えてくる。いや、憲法問題とはまさにこの憲法（に書かれた言葉）への信頼という問題なのだと、わたしには思えてきたのである。

現下の問題は、この憲法に対する信頼、信仰というものが揺らいでいるというところにあるのであって、玄人筋が言うところの、憲法が世界の実情と矛盾しているというところにあるのではない。わたしはそう思っている。

もし、この憲法が国民に信頼され、信仰されているとするならば、たとえ集団的自衛権（これが改憲の焦眉の課題らしい）というものがいかに現実的な有効性を持つらしく思えたとしても、その行使の権利と憲法を引き換えたりはしないはずである。なぜなら、憲法はリアルポリティクスに合わせた都合の良いルールというよりは、リアルポリティクスそのものにコミットメントする人間に規矩を充てるテキストでもあったはずだからである。

今、日本人の大半が、憲法改正に合意を与えているというのが、真実だとするならば、それはこの憲法に対する信頼が揺らいでいるということを意味している。憲法の有効性が国民の信頼を失ったということである。しかし、憲法に対する信頼は本当に揺らいでいるのか。もし、揺らいでいるとすればそれは、そのテキストの内容の陳腐化によるのか、それともわたしたちと憲法の間の関係の揺らぎによるのか。そのようにして、わたしは憲法を考え始めたのである。

二〇〇五年五月三日、自分が公開しているウェブサイトに、「わたしは何故、改憲問題を身に迫った問題として考えることができないのか」というテーマで日記（ブログ）を書いた。世間では憲法記念日に前後して、寝ていた赤子が起き出したかのように、憲法改正論議が沸きあがっていたからである。この日記には、意外なほどの多くの反響があった。賛否両論さまざまな意見が寄せられてきた。賛同の声が多かったのだが、当然ながら反論もあった。反論の中には、わたしの憲法解釈が間違っているとか、リアルポリティクスが分かっていないといったものもあった。わたしは、憲法を「解釈」したかったわけでもないし、ポリティカルな「立場」を表明したかったわけでもない。いや、憲法というものを「解釈」や「立場」といった水準で考えるべきではないということこそが、日記の主旨であった。法解釈や、党派的な言説にうんざりしていたと言ってもよい。だからわたしは「ひとりになって憲法を考えてみる」というタイトルをその日記に付したのである。

わたしは憲法について、この日記に書いた以上に何か言いたいことがあるわけではない。ただ、その後、マスコミや政権党の政治家を中心にして、ますます改憲論議が盛んになり、ついには改憲の試案（新憲法草案）まで登場してきた。しかし、それを読んでも、わたしには依然として、改憲問題がわたしの身に迫る吃緊の問題のようには思えないのである。いや、憲法を変えなければならないという理路が見当たらないと言うべきだろう。しかし、巷間伝えられている、憲法を問題だとする日本人が増えているということに対しては、それこそが切迫した問題じゃないかと思わないわけにはいかない。いつから、なにゆえ日本人は憲法を問題だとすることを意識し始めたのか。

自由民主党の改憲試案を一読、意気込みの割には、何故憲法を修正しなければならないのか、よく分からない文言が並んでいた。前文からは現行憲法にあった「品格」が失われていると思わざるを得なかった。現実を変容させるための力のない、通達のような言葉がそこにはあった。しかし、今その一字一句を検討するつもりもないし、そうすることがあまり意味のあることとは思えない。この度の改憲とは、字句の修正や、制定時には想定していなかった問題のための条項の追加というような意味での改正ではない。憲法の精神そのものを変更するということであり、日本国憲法の最も顕著な特徴である恒久平和主義という原則を変えるということを意味している。「いや、平和主義は変わらない。平和を守るために現実的で有効な行動（戦力の保持と行使）が合法的に行えるようにするということである」と言われるかもしれない。しかし、現行の憲法を素直に読めば、平和主義というものは、武力による紛争の解決という歴史的な現実そのものを否定していると、読めるのである。つまり、それが荒唐無稽だと言われようが、空言と言われようが、戦争そのものを否定しているのが現行の憲法なのである。それは、戦力抗争の歴史そのものに挑戦するという意図を意味していた。その挑戦はまがりなりにも、六十年間は続けられてきた。

「彼ら」は何が気に入らないのだろう。そんなことは現実的ではないという理由によって、あるいは、それが押し付けられたものであるという理由によって、憲法を改正しなくてはならないというならば、戦後六十年間の現実とは何だったのか。

わたしは憲法の修正に絶対反対という立場をとらないが、郵政民営化というよく分からない争点で争われた選挙に大勝した政府与党がここを先途とばかりに、改憲のキャンペーンを始めていることに違和感を持たざるを得ない。どのような法律にも賞味期限というものはある。法律が想定していなかった新しい犯罪というものが文明の進歩によって考案されるからである。憲法も、絶対不変ではないことは、当の憲法が謳っている。しかし、この度の改憲論議は、そのような想定外の事態が加わったということに起因しているわけではない。もともと憲法は、現実の世界の変化を想定した上で考えられていると思う。しかるに、「彼ら」は憲法を変えたいと言う。しかし、わたしは、「彼ら」には憲法を修正していただきたくないと思うのである（その理由は後で述べる）。

くどいようだが、「彼ら」の言葉を聞けば聞くほど、憲法を改正せねばならないという逼迫した気持ちが湧いてはこないのである。困ったことである。わたしは平和ボケしているのか。そうかもしれない。あるいは「彼ら」が思考の隘路に迷い込んでいるのか。そのどちらかだろう。この小論は、憲法改正の是非について論じたものではない。わたしは、憲法の改正を指嗾《しそう》する人たちの言葉遣いの中に、日本人が迷い込んだ思考の型を見る。それを描写してみたいと思う。まずは、この小論の発端となったわたしの日記（ブログ）の一部を再録させていただきたい。

書き手は、ブログ上のバーチャルな「俺」である。


もし、俺が自分のやりたいように生きていて、それがことごとく、法律に違反してしまうとすれば、自分を捨てて法律の内側で生きるか、それともあえて自分に正直にアウトローとして生きるかという選択に迫られることになる。

法律に沿って生きようとすれば、俺は俺のやりたいことを諦め、自由な行動を制限することにエネルギーを費やす必要があるだろうし、アウトローとして生きるのであれば、懸命に法の抜け道を探るか、あるいは権力とあいまみえて突破してゆくかという決断をしなくてはならないからである。

もし俺が権力者なら「俺が法律だ」と言って、法律の方を変えてみたいと思うだろう。幸いにして、俺は自分の食いたいものを食い、言いたいことを言い、やりたい仕事をし、見たい映画を見、飲みたい酒を飲み、自由に遊び、人を愛したり傷つけたりしながら生きているが、だいたいのところでは法律に違反しない範囲で生活することができている。もちろん、スピード違反や、飲酒運転などで官憲にとっちめられたりすることはままあるが、それでもあらためて法律を読んでみようなどとは思わない。

かつて、ロス疑惑事件というものがあったが、その被告は獄中で必死に法律の抜け穴を研究したという記事を読んだことがある。おそらくかれは、かれが自分の価値観で生きていくこと自体が、法律というものと始終抵触してしまうような業の持ち主だったのだろう。市井の人間は、日々の生活の中で法律を意識しなくとも、法律の精神の内側で生きてゆけるものである。いや、そういったことを含意した上で法律というものは作られていると俺は理解している。これは刑事訴訟法のみならず、すべての法律が法律として機能してゆくための条件である。もし法律というものが、人間が生きていく上の最高の倫理を人間に要求したとすれば、裁判所の前には長蛇の列ができるだろうし、収容所に大半の国民が拘置されてしまうだろう。基本的人権は、人間の最低の権利について記されたものである。そんな条文が無くても人は他人を敬うことができるということがこの条文が最低のラインであるということの中に期待されている。だから俺たちは法律を意識しなくとも、自ら持ち合わせた倫理や、自然法的な掟に従っていれば、生活してゆくことができる。常に法律を意識しなければならないということは、その法律が適用されている国民にとっては不幸な事態であると俺は思う。

憲法記念日をはさんで、新聞、雑誌などで改正論議が盛んである。「何はともあれ憲法について多くの人間が議論するのはいいことだ」なんてことをニュースキャスターが言っているが、寝ぼけたことを言ってくれるもんである。俺たちが憲法を常に意識しなければならないということは、日本人と憲法との間に不幸な関係が生じていることを示している。

憲法なんて意識しなくても、国を愛し、同胞を助け、隣人を敬って生きてゆけるのがまっとうな社会である。いや、ほとんどの日本人は憲法を読んではいないし、また読む必要もないのである。その意味では憲法に無関心でいられた戦後の六十年間はむしろ評価されてしかるべきことであると思う。もし、憲法を熟読しなければならないとすれば、それは他の法律について述べてきたことと同じで、この日本という国の存在自体が憲法に抵触してしまうか、あるいはこの憲法の抜け道を探して自国の欲望を拡大しようとするかのどちらかの場合である。

憲法と、現実に整合性がないということを、今日の若者の倫理観の欠如や自信の喪失の原因であるかのごとき議論があるが、全く同意しかねる議論である。だいいち、俺は若者に倫理観が欠如しているとも思わないし、自信を喪失することが、自信満々に自国を誇ることより悪いとも思わない。もし、日本人が自信を喪失しているとするならばその理由は憲法ではなく、もっと別のところにあると思う。そもそも、どこの国の憲法も、現実と完全に整合しているなんてことは原理的にありえないのである。現実としばしば不整合を起こすからこそ「原点」を憲法に記してあるのである。

これが、そのときの日記の一部である。自分の日記を前ふりにして文章を書くというのも、随分あつかましい態度だが、読者諸兄にはご容赦いただきたい。憲法に関してわたしの言いたいことは前記の文章に尽きているのである。しかし、これは日記であり、思うことをただ書きなぐったものである。ことは、わたし個人の印象以上に重大な問題を含んでいることも承知している。その上で、わたしが何故先のような日記を書くに至ったのか、「彼ら」が何故、改憲に駆り立てられているのかということについて、考えてみたいと思う。

2 「法」の彼岸で生きる人々と、それを見ている観客

今からおよそ二十年前を思い起こしていただきたい。日本が空前のバブル経済に突入してゆく、一九八四年は、戦後的なパラダイムが転換してゆくという点で、記憶するに値する年である。それをポスト戦後と言ってもよいかもしれない。敗戦から四十年を目前とした年。それまでの復興期、高度経済成長期を経て全く新しい時代が始まっていることを予感させる年であり、それからの二十年を暗示するかのような事件が次々に起こった年でもあった。

年明け早々に、週刊文春に「疑惑の銃弾」の記事が掲載され、テレビでは毎晩のようにお茶の間のにわか探偵が、ロサンゼルスの銃殺事件の犯人を推理することになった。週休二日制が始まり、衣食足りて無聊を託《かこ》つといった日本人にとっては、この「事件」は時間つぶしの格好の材料であった。横丁のおばちゃんから、エリートビジネスマンまで、子育ての手が離れた主婦から、メディア周辺に蝟集《いしゆう》する文化人まで、

あらゆる人々がこの事件の行方に熱中したのである。殺人事件は日常的に起こっていたが、この事件の特異なところは、容疑者が、被害者なのか加害者なのかよく分からないという点にあった。容疑者による自作自演の物語を演出したのは、お茶の間の探偵たちであった。

そして、この容疑者が、お茶の間の探偵たちに指し示したものは、人は「法」によって裁かれるが、「法」には多くの抜け道があり、その抜け道を潜り抜けた者は「法」の外側に自由を見出せるという事実であった。この容疑者は、この事実を背景にして人生の大半の時間をその抜け道探しに費やしているように見えた。当時の週刊誌によれば、彼は別の罪状で獄中にあったとき、法律書を異常な熱意で熟読したそうである。彼の自由は「法」の彼岸にあるとでも言うように。

次に世相を賑わせたのは、あまりにも有名な「グリコ森永事件」である。ここでも、日本中が犯人探しに躍起になったのは、まだ記憶に生々しい。この事件が、単なる金欲しさの脅迫だったのか、あるいは企業の成功物語の底に沈殿した、犠牲者のルサンチマンが牽引した復讐劇だったのかは、ついに分からないまま事件は迷宮に入ってしまった。犯人（たち）の目的が何であるにせよ、この事件のひとつの特徴は、この犯人たちが、「法」は自らの行動を抑制する何ものかではなく、もともと「法」の埒外に自分たちの行動規範があるかのようにメッセージを発信し、行動しているように見えたことである。犯人は「法」とその執行人に対して挑戦するという形で、自らを時代のヒーローに擬するかのようであった。「法」を破っても戦いを挑む理由が俺たちにはあると、暗に彼らは言っていた。超法規による正義の実現である。彼らの正義は、「法」の彼岸にあったと言うべきだろうか。

いずれの事件も、人は「法」によって守られ、「法」によって裁かれるという近代国家の約束事の埒の外か、あるいは埒の線上に起きた事件であったとは言えるだろう。この年、さらにもうひとつ特筆すべき事件が起きている。所謂、「投資ジャーナル事件」である。この事件は、主犯である中江滋樹が、言葉巧みに客を誘い込み、無免許で株式を売買して総額五八〇億円を詐取した詐欺事件である。日本は、この事件と前後して、狂乱的なバブル経済に突入する。それまで、お金というものは、辛苦の労働の対価であると信じていたものにさえ、労働とは無縁のところでお金儲けができることがあると思わせるに十分な混乱が日本を覆ったのである。土地の値段は数年で数倍にまで膨れ上がり、株価も棒上がりに上がっていった。そして多くの人間が、労働よりも効率の良いお金儲けの方法があるということ、どこかにうまいことをやって大儲けしている奴がいるという思いにとらわれただろう。そこに、詐欺師が入り込む余地ができた。中江滋樹は、「法」の鞍部を歩く曲芸師であった。彼は、彼の利益もまた、「法」の彼岸においてのみ成就されると信じていたのかもしれない。

この年の流行語が、「まる金、まるビ」という二分法的な言葉であったことと、今日の流行語が「勝ち組、負け組」であることは、面白い符合である。「まる金、まるビ」の言葉を作った渡辺和博は、このような二分法に分離される世界を風刺的に表現したが、多くの人々はそれをそのままの事実の描写として受け取ったのである。そして前者にあった二分法そのものへの揶揄は、二十年を経てべたずるの勝ち組への羨望に変わった。詐欺とビジネスの区画が曖昧になり、成功者か失敗者か、勝つか負けるかといった目に見える結果だけがリアルな「現実」なのだと思うようになったのである。

わたしは以前、別の本に書いたことがあるが、ビジネスとは、プロセスそのものであり、負けとみえるプロセスも成長に必要な条件なのであり、勝ちとか負けという言葉で形容する次元のお話ではないのである。そしてそれは人間の生き方でも同じだろうと思う。しかし、いつからかショートタームの結果のみがクローズアップされるようになった。目の前に続く、気の長いプロセスというものを支え、耐えてゆく力というものが衰退したというほかはない。

「まる金」という揶揄の言葉から「勝ち組」という羨望の言葉への変化は、小さな変化のようだが、日本人が自らを相対化する視線を失いつつあるという点では重要な変化である。

3 二十年を挟んだ合わせ鏡

世界に目を転じてみると、イラン・イラク戦争は大国の代理戦争といった趣の中で、泥沼化の様相を呈しており、八四年は、アメリカが武器供与などで支援したイラクにおいて、国連の査察により化学兵器の使用が明らかになった年でもあった。二十年後、アメリカがそのイラクへ大量破壊兵器を隠し持っているという理由で、侵攻することになるのは歴史のアイロニーと言うべきだろう。いや、茶番と言った方が適切だろう。アメリカの世界戦略は、つねに国際法の精神よりも、自国の国益を優先させてきたのである。確かに、およそ国益を優先させない国家というものは想像できない。しかし、利を取ったつもりが、結果として墓穴を掘るというのが世の常でもある。

蛇足ながら、ソビエト軍のアフガン侵攻に抗議してモスクワオリンピックをボイコットしたアメリカに対して、今度はソ連と東欧諸国のボイコットの中で行われたロサンゼルスオリンピックが、以後世界を席巻する「民営化」の最初の試みであったということも付記しておきたい。

先に述べた「事件」は、勧善懲悪のドラマという性格を明らかに踏み越えている。それは、「法」というものは善も悪も判断できないと告げているように見える。それまで日本人を支配していた、（戦後的な）国家、法律、貨幣といったものを支えていた倫理とでも言うべきものが溶解し始めたということである。それは日本人を支えてきた戦後的な倫理、法の精神、勤労の価値への懐疑、あるいは侮蔑の始まりでもあった。日本人の倫理というものは、敗戦国日本の再興という目的に寄り添うように形成されていった。額に汗して一所懸命働くことは美しいことだと誰もが思えたのである。そう思うより方途が無かったと言ってもいい。

それが反転する。週休二日制の導入は、日本人が生産というものを中心とした生活から消費を中心とした生活にシフトしたことを意味していた。消費を活性化させるものは間違いなく人間の欲望である。消費を中心とした生活の価値観の中では、生産を中心とした生活に生まれる倫理である、倹約や、勤労は色あせる他はなかったのである。戦後的なものの考え方、つまりは倹約の美徳、労働への誠実、隣人同胞への慈愛といった美辞が、欲望が作り出す「現実」の前では、欺瞞に思えてきたと言ってもいいのかもしれない。消費が中心的な課題となった時代において、持てるものと持たざるものという「現実」だけがクローズアップされることになる。結果の大きさの前では、美辞は貧者の言い訳のように響く。まる金、まるビという「現実」の前に、「理想」も「真実」も嘘っぽい欺瞞にしか見えなくなった。労働から消費への価値観のシフトは、言い換えるならば、プロセス重視から結果重視へのシフトであったということである。

この年の締めくくりは「普通のおばさんになります」の名言を吐いた国民的歌手、都はるみの引退であった。国民的な人気の絶頂にあった都はるみは、事務所の方針でも、体調の具合でもなく、ただ「普通の生活」を取り戻したいという、分かりそうでよく分からない理由によって、突然舞台を降りてしまった。彼女は、時代に逆行しているように見えた。都はるみという稀代の歌い手が言う「普通」とは一体何だったのか。

妙な言い方かもしれないが、それは芸能界という彼女の現実よりも、もっと大切な何かを彼女が「普通のおばさん」の生活の中に見ていたということのように思える。彼女が、栄光ある現実を捨ててまで、取り戻したかったものとは何だったのだろうか。彼女が取り戻したかったものは、時代が捨て去ろうとしていたものだと、わたしは言いたい気がする。

そして、この翌年、中曾根首相が、総理大臣としては戦後はじめて靖国神社へ公式に参拝することになる。

こうやって、二十年前の出来事を書き記しながら、いま日本に蔓延している時代の「気分」のすべての萌芽が、この時すでに出揃っていたことに今更ながら驚くのである。全く、それは現在の日本を映し出す合わせ鏡のように見える。わたしは、これがいいとか悪いとか言いたいわけではない。いつの時代も、健康な部分と病んでいる部分を併せ持っているものである。いつの時代にも、似たような事件は起こっているものである。大切なことは、同じような事件を引き起こす岩盤の微妙な変化に気づくかどうかである。時代の変化の渦中にあっては、人はなかなかその変化に気が付かないものだからである。

憲法の問題を論ずる前に、二十年前の出来事を持ち出した理由は、この都はるみの「普通のおばさんになります」という台詞と、「普通の国になる」という改憲論者たちの使う「普通」という言葉の意味の変容に興味を抱いたからであり、同時に、そこに二十年の間に起きた価値観の逆転を見るような気がしたからである。

それをひとことで言うのは難しい。しかし、わたしにとって、憲法の問題を論ずるということは、改憲ブーム（まあ、ブームという言葉には語弊があるけれど）に至る日本人の精神の変容というものを考えることに他ならないのである。

日本人一般、つまり大衆は、敗戦直後は別として、現在の憲法を「押し付け」であり、いつかは変えたいと思ってきたわけではないだろう。終戦の喪失感が癒えるにしたがって、安堵と開放感は増していっただろう。憲法はそういった終戦後の日本人の精神のひとつの拠り所であり、少なくともこれでやっていこうと思っていたのではないだろうか。いや、ただもう戦争という「現実」はこりごりだと思っていただけかもしれない。憲法よりも、生活を立て直すことであり、腹いっぱい食うことが吃緊の問題であったのではないだろうか。それが、時を経て、日本人は豊かになり、憲法を変えようと思い至るようになった。繰り返しになるが、それはただ、憲法の文言を修正するということを意味しない。憲法に謳われた、「国家の名誉にかけ、全力をあげてこの崇高な理想と目的」（憲法前文）を実現するという理想主義的な原則を捨てて、現実的に対応するという現実主義へのシフトを意味しているのである。

憲法の法学的な解釈、比較憲法論、歴史的な意味というものは、それぞれ考量するに値するものであるだろう。しかし、そういったことをいくら煎じ詰めても、憲法改正の気分を醸成した根本の理由を開示することはできないように思える。何故、日本人のうちのかなりの人たちが憲法を改正したい、しなくてはならないと思うに至ったかについては、情況分析的なアプローチから導き出すことは原理的にできないように思える。それは、憲法の側に、あるいは日本を取り巻く世界の政治的な情勢の変化に起因するのではなく、こちら側、つまり日本人の心理の側に源泉を持っていると思えるからである。なぜなら、日本をめぐる国際関係が、この数十年で以前に増して格別にリスキーになったとは思えないからである。状況の方が憲法を改正しなくてはならないほどに変わったわけではないのである。日本人の現実に対する認識の方が変わったのである。

4 リスクを回避するのか、無化するのか

戦後六十年の長きにわたって、日本が一度も戦争や紛争に巻き込まれなかったのは、紛れもなく憲法の第九条を遵守するという「手かせ足かせ」の功績である。

国際社会の中でも、日本が憲法によって自ら手足を縛っているという事実は認知されていただろう。おそらく、この憲法の平和主義に対する評価は、人によって異なっている。いや、人間であれば誰でもが平和を希求する。その意味では憲法に謳われた平和主義それ自体には誰も異議を表さないだろう。

評価は、その条文と日本をめぐる現実との間に横たわっている。理想と現実との間にあるギャップがそれである。「平和主義者」という言葉は、しばしばリスクを回避するだけの臆病者に投げつけられる侮蔑の感情とともに発せられる。歴代の自民党の政治家は、ある場合には憲法の非戦条項を交渉の戦略的なカードとして使って、紛争地域への武力支援の要請をかわすということもあっただろうと想像するに難くない。

「いや、ご協力したいのはやまやまなんですが、憲法で派兵を禁じられていますもんで。ここはひとつ、金銭的な支援ということでご勘弁を」「海外派兵は、国民的なコンセンサスがとれません。いや、日本に兵はいないことになっているんです。ここはなんとか、お金で解決ということにしてくれませんでしょうか」。

確かにこのとき、当事者である政治家はある種の屈辱感を抱いていたかもしれない。多くの先進国が、多国籍軍の名のもとに、紛争地域に自国の軍隊を派遣している折、ひとり経済協力を申し出ることは、自分だけが卑劣な傍観者になっているというような屈辱を覚えるのかもしれない。

「お前の国の経済的な繁栄は、結局のところアメリカの軍事的庇護の下でなされたものだ。日本は自分が平和のフリーライダーであることを忘れるべきではない」。こういった難詰があったとしても、「いや、だから金を出そうと言っているじゃないですか」と、苦しい言い訳をする他はなかった。歴代の大臣も、外交担当者も、この憲法を世界に向かって積極的にアピールし、どのような場合においても武力による解決という手法をとるべきではないと主張するほど、自らの信念に自信を持ち得なかった。いや、実のところ憲法の理想などはじめから信じてはいなかったのかもしれない。

しかし、このように積極的に武力以外の紛争解決の決意と方策をアナウンスしえなかった場合においても、国益は守られたと言うべきだろう。国家の最も重要な役割が、国民の生命・財産を守ることであるとするならば、戦後六十年間、国際紛争を直接の原因とした一般国民の死者をひとりも出していないのだから。

このような明らかな薬効にもかかわらず、現在も多くの政治家、日本人が憲法を改正したいと思いなしているとすれば、それは憲法そのものが持っている（であろう）瑕疵によるのではなく、もっと別の理由によると考える方が自然である。

戦後の世界情勢の中で、憲法の一部は形骸化した、実情にそぐわなくなったという意見がある。しかし、第九条に関する限り、憲法の精神を解釈によって変更させてきたのは当の政治家なのであって、憲法の条文それ自体の矛盾が露呈してきたわけではない。実情にそぐわないという本当の意味は、政治家の欲望と自らが語らねばならない言葉が乖離しているということであって、憲法にそぐわない現実があるということではない。

もし、憲法にそぐわない現実というものがあるというなら、そういった現実は七〇年代にもあったし、八〇年代にも、九〇年代にもあった。もっと言うなら、現行憲法の制定の時代にあっても、それは現実とそぐわないものであったと言うべきだろう。日本を取り巻くリスクという点では、資本主義陣営と社会主義陣営が朝鮮を舞台にして角逐した五〇年代、ベトナムに戦火を交えた六〇年代の方がはるかにリスキーな時代であった。そこには日本に直接的にかかわってくる現実の戦争が目前に存在していた。

そもそもの話、現行の憲法は、その起案当時の日本および日本周辺の政治的・地政学的なリスクに対応するという目的で考想されたものではないのである。世界の平和に対するリスクそのものを将来に向けて無化してゆくために書かれたのである。もっと言えば、リスクとは日本そのものの存在であったということである。

交戦権を放棄し、武力による国際紛争の解決を忌避するという国家としての態度表明は、日本のみならず、西欧先進国が行ってきた武力による解決というものに対するアンチテーゼを最初から内包していた。それはひとつの理想であり、現実に対するチャレンジとして最初から観念されていたと言うべきだろう。

この憲法を押し付けた（と改憲派が言う）ＧＨＱ民政局の担当者たちにとっても、占領者マッカーサーにとっても、この憲法はアメリカによる極東の軍事的な戦略であると同時に、いや占領者個人の感慨としては、戦略というよりは、自らが占領した地にひとつの理想の種子を埋め込みたいという意味があったように思う。勿論確かなことは本人以外には分からない。ただ、彼らの手記を読んで、そう思うだけである。

以後の憲法をめぐる歴史は、論理的に言うならば、憲法が実情と乖離したのではなく（それは最初から乖離するように作られたのである）、解釈改憲を積み重ねた結果として憲法に書いてあることと、その憲法を遵守しなければならないはずの国家権力の行動が乖離したと言うべきだろう。

理想というものは、現実と乖離しているからこそ理想なのである。憲法はひとつの理想であるとわたしも思う。しかし、「理想と現実が乖離しているじゃないか」と言ってみることにどのような遂行的な意味があるというのだろうか。理想と現実は乖離したまま、それを引き受けるというのが現実的な対応というものだ、とわたしには思える。

陳腐化したのが憲法の条文なのか、それとも解釈改憲の論調こそが陳腐な牽強付会の論だったのかは、もう一度「ひとりになって」問うてみる必要がある。

憲法は、その建前としては、主権者である国民が、「法」によって権力の暴走や侵犯を防ぐという意味を持つ。その意味で、憲法はまさに権力者の自由を制限するために存在している。これが、権力者の都合に合わなくなったので陳腐化したというのでは、そもそも話の筋目がとおらない。しかし、不思議なことに、現実にはひとりひとりが、乖離や陳腐化が何処に（何故に、ではない）生じているかというふうには、考えなかったのである。

そして、憲法を変えなきゃいけないというムードが醸成された。どうしてそうなったかについての理由は、戦後の、日本人の心理の深みまで覗かないと見えてはこないとわたしが考える所以は、ここに存している。

憲法が形骸化したとは、改憲論者たちの口癖である。しかし、法律、とりわけ憲法というものは、はじめからひとつの形骸なのである。この形骸にリアリティを吹き込むのは時代の政治家であり、人々の意識である。もし、好んで形骸化という言葉を使いたいのなら、わたしは憲法に対する人々の構えというものが形骸化したと言わなければならないと思う。

いかなる政治体制下においても、「法」というものは、それを守ってゆくものだという共同体的な合意があってはじめて機能しうる約束事である。共同体的な合意によって、「法」は個人の思惑や自由といったものを超えたものになりうるのである。そうでなければ、共同体の運営は嘘と抑圧によるしかなくなる。しかし、いつの頃からか、「法」は守るものではなく、現実に整合性を与えるものであるというように、人々は考えるようになった。ここに「法」に対しての原理的にねじれた観念が生まれてきた。

5　劇場型犯罪と小泉劇場

二十年前に起こった「疑惑の銃弾」騒ぎと「グリコ森永事件」は、およそ性格の異なる犯罪であったが、ひとつの共通点を有している。それは、劇場型犯罪であるという点である。どちらの容疑者も、マスコミやテレビを意識したメッセージを送り続け、わたしたちはリアルタイムでこの犯罪劇に参加している気分になった。

しかし、実は共通点は犯罪者の側にではなく、それを見つめているこちら側の立ち位置にあったというべきだろう。容疑者たちは、こちら側の変化に敏感に反応しただけである。

こちら側の立ち位置。ひとことで言うならば、それは現実に起こっている出来事が、自らの立ち位置と地続きの場所で起こっていることではなく、ブラウン管（当時はこれでしたよね）の中での出来事であり、その必然的な帰結としての現実感の希薄化である。この出来事の中に、自分はカウントされていない。観客なのである。観客は事件に参加した気持ちを持つことはできるが、事件そのものを生きることはできない。それは、画面のあちら側で起こっており、テレビドラマのように消費されるコンテンツでしかないということである。

二十年後、われわれはこの続編であるかのような劇場型政治というものを目撃することになる。国民はこの「小泉劇場」に、かつての犯罪がそうであったように、ある種の希薄な現実感の中で、舞台の上の出来事を楽しむように、興じている。おそらく、わたしたちは、「小泉劇場」の中で生起している出来事を、自分の生活と地続きの課題であるというよりは、どこか舞台上の虚構のように、消費する対象として捕らえるようになったのである。

いまでも、ありありと思い出すのは、湾岸戦争のときお茶の間に送られてきたニュースの画面が、それまでの戦争の概念を根本から覆すものであったということである。

米国軍のミサイル攻撃は高度に発達したＩＴ軍事技術を背景にして、戦争を血なまぐさい現場から、モニターの中のシューティングゲームに変えてしまったのである。テレビの前でこの戦争を見物しているアメリカ人も、日本人もこのモニターの先に、おびただしい血が流され、悲惨な生き別れがあることを痛みとして共有することができない。それは、アーケードゲームのように現実感が希薄な、スイッチを入れている間だけの希薄な現実に過ぎなかった。

そこで何が起こっていたのか。自分もまた被害者として血を流すかもしれないというリアリティなしには戦争の実態に迫ることはできない。自分が加害者として、自分と同じ人間を殺戮しているのだというリアリティが蒸発してしまったのである。つまり、デジタルな現場しか持たないところでは戦争に関与しているのだという生の感覚が喪失されているのである。

自ら関与していないというところでは、暴虐が自らに襲いかかるという不条理に対する想像力に至ることもまた難しい。要するに事実の重さというものは、自分を勘定に入れないところでは限りなく見世物に近づいてしまうということである。

かつての、劇場型犯罪の犯人たちがそうであったように、小泉首相もまた大衆というものがどのように動くのかを鋭敏に察知し、その消費欲を満たすためのメッセージをテレビ画面を通して送り続けている。まだ、記憶に生々しいが、先だっての総選挙において、某広告代理店が選挙民をセグメント化し、IQが低い小泉内閣支持基盤、主婦（と子供）層、シルバー層（B層っていうんだそうだが）の票を掘り起こすための戦略を採用したことが、報道された。真偽のほどはよく分からない。まあ、選挙は勝てば官軍だから、どんな戦略だってそれを卑劣であると言って非難することはできない。広告代理店が経験知として持っているマーケティングの成果が、選挙という擬似的な戦争に用いられることは大いにありそうなことである。問題は、B層と名指された当の本人たちが、自分たちがB層に分類されたことを認識していないということかもしれない。

多くのテレビドラマがそうであるように、そこでの視聴者の関心事は、犯人が断定され、正義というものが成就するかどうかという事件の結末である。そして、その結末には、視聴者は全く責任というものを持つ必要がない。ドラマが終わればわたしたちは、スイッチをひねり、紅茶でも飲んで日常生活の場に戻ってゆけばよい。劇場の観客席に座っているときは、日常生活の場に戻れない場合もあるとは誰も考えない。

しかし、現実の犯罪というものはテレビドラマのようには進行しない。それは、現実の戦争が、モニターの中での遠隔操作によるシューティングゲームと違うように、あるいは、現実の政治というものが、舞台の上の勧善懲悪のドラマと違うように、全く様相を異にしている。分かりやすい勧善懲悪の役割分担がそこにあるわけではない。戦場では想像を絶する苦痛と、恐怖が、戦地の日常とでも言うべき無邪気さと易々と同居している。燃え上がる憎悪と天上的な慈愛が同時に発揮される。正義と悪が同居できる場所が戦場なのである。そして、すべてのいくさというものがそうであるように、本当の悲劇は戦闘が終わった後にやってくる。いくさの先にある現実というものをイメージできないものが、しつらえられた正義のために武器を持つべきではない。国際政治の中に、普遍的な正義などというものはかつて存在したためしはないのである。リアルポリティクスにおいては、自分たちが普遍的な正義の具現者であるという思いは、戦場という悲劇の抑止になるよりは、原因となる場合が多い。これが歴史の教訓というものである。

6　普通のおばさんと普通の国

ここで、二十年前に都はるみが言った「普通のおばさん」には、どんな意味が隠されていたのかを少し考えてみたい。

有田芳生の『歌屋　都はるみ』によれば、彼女は、引退を声明する記者会見の席で、件の「普通のおばさん」という発言の前に、興味深いことを言っている。「……もうちょっと違う道を二十年で区切って考えてみたいと思いました」[*1]。しかし、当時彼女は紅白歌合戦でトリを取るほどの大御所であり、人気の衰えを感じさせる予兆もなかった。それが彼女の生々しい「現実」であった。彼女はその「現実」とは「違う道」としての「普通」であることの価値の方を選ぼうとしていた。彼女に何があったのかは、彼女以外にはおそらく誰もその本当の理由を説明することはできないだろう。

しかし、彼女が一番大切なもの（美空ひばりの言葉）を捨ててまで「普通のおばさん」になると言うからには、彼女の中に「普通のおばさん」の確かなイメージというものがあっただろうと想像できる。彼女の父親の祖国は韓国であることを、都はるみ自身が告白したのは、彼女が目標にしていたもうひとりの国民的歌手、美空ひばりの死の翌日のテレビ番組であった。おそらく、彼女の「普通」は、市井の普通の日本人が思い描く「普通」とは、随分違ったものだったのではないか。結局彼女は、「普通のおばさん」になることなく、歌手として復帰する。それでも、彼女が当時担っていたすべての栄誉、労苦、収入といったものと引き換えても手に入れなければならない「普通」のイメージが彼女の中に強固に存在していただろうことは疑いのないことである。

人は誰も、普通の人間として生まれてくる。そして、どこかで普通以上のポジションや収入、名声といったものを手に入れたいと願っているものである。そういった立身出世の階梯の頂点に立ってなお、それを断念してまで手に入れたいと思える強固な「普通」のイメージを紡いだこの国民的な歌手の決断をわたしは見事だと思う。彼女にとっては、「普通」にならなければならない理由があったのである。ここからは、想像力をたくましくする他はない。

彼女の年代の人間が、韓国人と日本人のハーフとして日本で生きていくのはそれほどたやすいことではなかっただろう。もう、ほとんどの日本人は忘れているだろうが、日本レコード大賞受賞のとき、彼女の否・国民的歌手の部分を報じた週刊誌があったのである。「日本人でない」歌手に、「日本」レコード大賞はふさわしくないと誹謗する声もあった。それでも、彼女は大賞を手にし、頂点に登りつめる。それは復讐の成就であり、彼女の正義の実現であったはずである。そして、成功の絶頂にあって、彼女は歌手をやめようとする。「普通のおばさん」になるために。「普通」という言葉の中には、地位やお金で買えない何かが埋め込まれているように思える。個人的な事情もあっただろう。いや、おそらくはその個人的な事情こそが、「普通」の生活というものを輝かせたのだろう。それは女なら誰もがたどる、生まれて、子供を産んで、家庭を作って年老いてゆくというどこにでもある生活である。人は誰でも、ただ与えられた「現実」をなぞるのではなく、自分の「理想」というものに向かって跳躍してみたいと思うものだ。一度目の跳躍は歌手になって成功することだったが、彼女はもう一度飛ぶ必要があると感じていた。彼女にとっての「現実」は地位と金で武装された磐石なものであったはずである。彼女にとって二度目の跳躍とは、地位と金で武装された彼女の「現実」を武装解除することであり、ただ、等身大の自分に戻るということだった。そこにある「普通」は、上昇志向というものとは無縁の、もうひとつの確かな、自立した彼女の「現実」というものであった。

ひるがえって、改憲論者の言う（他国と同じような）「普通の国」発言を聞くと、日本人の精神史が紡いできた到達のイメージとしては、これはあまりにお粗末な、子供じみた「普通」のイメージであると言いたい気がする。「ぼくだって、普通に塾に行きたい」なんていうようなチープな「普通」のイメージしか湧いてこないのである。物まねであり、権威への隷属しか想起させてくれない。

「普通の国」とは、文脈的には欧米先進国と同様に軍隊を保持し、米国の軍事力への依存を軽減し、自分の国を自分で守れるようにするということを意味しているのだろう。わたしは、そういう考え方があっても悪くはないと思う。日本人が、国家の礎といったものをイメージし、その上で軍隊を有し、徴兵制を制度化し、国民が国家に対して防衛の任務を担う義務を負う。まあ、徴兵はかなり鬱陶しい問題だが、これはこれでひとつの考え方である。

とくに、いまのわがまま野放図な若いもんを軍隊の規律で叩き直すというのも、会社というもうひとつの軍隊で面従腹背の辛酸をなめてきた世代から見れば爽快な気持ちにもなる。中国、韓国、北朝鮮だって、いつ日本を攻撃してくるかもしれない（しないだろうけど）。これに対して迎え撃つだけの準備をしていなければ、誰が国を守ってくれるのかという議論にも理がないわけではない。さらに中東やアフガニスタンなどへ軍を派遣している西欧先進国に対して、金だけ出して血を出さないなんて言うのでは、肩身が狭いっていうのも、なんだか哀れを催す論調だが、同情できる気もする。けれども、こういった議論のすべてに形容される「普通の国」とは、ただ与えられた「現実」に回収されることを選択しているだけのようにしか思えない。悪しき「現実」に対処する方法は考慮されているけれど、「現実」そのものを無効にしていこうという構えはここにはない。自分の国を自分で守るという以前に、自分の国をどのように構想するかといった思想の自立がここにはないのである。いや、そもそも「現実」とは自分たちのことであり、リスクとは自分たちそのものの存在であるということに思いが至らない。

「普通の国」になりたい気分を後押ししたのは、アメリカからの圧力だろう。

イラク攻撃は、国連の意向と無関係に、アメリカがイギリスを伴って単独で決断し、ドイツ・フランスなどの反対を押し切る形で踏み切った格好である。アメリカ国内に於いて、軍関係者や、専門家の中にも慎重派が数多くいたらしいが、それでもアメリカはイラクに侵攻した。そのときに、アメリカを支持して同一歩調をとったのは、イギリス、スペイン、オランダなどの西欧諸国と、いち早く支持を表明した日本である。このとき、日本人の頭には、湾岸戦争のときの、金だけ出して血を流さないという批判(誰が言ったのか)が去来しただろうと思う。そして、はじめて自衛隊を海外に展開させた。それは、もうこれ以上は無理だというぎりぎりの憲法の解釈改憲を伴っていたわけである。

そのアメリカ国内で、イラク侵攻は間違いであったという声が多数を占めるようになり、ブッシュ大統領の支持率は三〇パーセントにまで落ち込んだ。ひとつには、イラク侵攻の大義であった、大量破壊兵器の存在が作り話であったことが明らかになったこと。米国軍の中に、著しい倫理低下(アブグレイブの捕虜虐待)がリークされたこと、さらには米国軍の死者が二千人を超えたことなどが、その理由として挙げられる。その中でも最も重大な理由は、この戦争がもともと大義のない戦争であったことが明らかになったということだろう。

しかし、戦争とはそういうものである。戦地の人間にとっては、大義や倫理の前に戦闘があり、戦闘が憎悪を増幅させる。それこそが「現実」というべきだろう。そして、ほとんどの場合、「現実」を作り出しているのは、まさにその「現実」をすぐにでも解決できると考えているその当事者たちなのである。アメリカの最良の知性でさえもが、判断を誤ることを、当事者であったロバート・S・マクナマラが回想している。

「国際問題では、人生のほかの側面と同様、すぐに解決できない問題もあることを、われわれは認めませんでした。問題は解決できるものと信じ、生涯をその実践に捧げてきた一人として、私がこれを認めるのはとりわけつらいことです。しかしわれわれは、ときとして不完全で取り散らかした世界と共存しなければならない可能性があるものです」[*2]

「現実」を解決しようとする正義派が、最悪の選択をしていった様子がよくうかがえる述懐である。このとき、アメリカは自らの国益そのものが戦争という「現実」の原因であるかもしれないとは、想像することさえできなかったのである。

7 憲法に埋め込まれたメッセージ

冷戦後の不安定な世界情勢の中で、いやどのような世界情勢の下においても、あらゆる憲法というものが照準しているのは、人類史がたどってきた歴史を通して、「普通」の人々が獲得してきた権利を担保し、人間と国家、国家と国家の関係についての理念を実現してゆくということだろうと思う。これについては、護憲派も改憲派も異論はないだろう。そして、どちらの陣営も、それが理想に過ぎないということも知っている。しかし、理想に過ぎないことを知っているということと、だから現実的な憲法を作ろうということとは同じではない。

現実の政治において重要なのは、それが理想であるのか、現実的であるのかということではない。理想を掲げた場合の効果と、現実に忠実であることの効果の差異に対しての想像力が働くかどうかということである。

憲法学の碩学、古関彰一はその『新憲法の誕生』の序文で、米国憲法百五十周年のルーズベルト大統領の言葉を引用している。

「米国憲法は素人の文書であり、法律家のそれではない」[*3]
この言葉はそのまま、日本国憲法にも当てはまる。憲法誕生の背後には、様々な政治的な思惑や駆け引きというものがあったのは、よく知られている事実である。しかし、憲法制定に関与したダグラス・マッカーサーをはじめとするGHQの担当者に対して大きな影響を与えたのは、近衛文麿の試案や、佐々木惣一の憲法案といった官制の試案や、あるいは政治党派による憲法試案ではなく、在野の学者らを中心とした憲法研究会の「憲法草案要綱」の方であった。高野岩三郎、馬場恒吾、杉森孝次郎、森戸辰男、岩淵辰雄、室伏高信、鈴木安蔵といった主に在野にその研究の場を求めていた研究者は、合衆国憲法、ソビエト連邦憲法、スイス連邦憲法、ワイマール憲法といった当時の世界の憲法を隈なく調べ上げ、普遍的な憲法をめざしたということが、草案を読むとよく理解できるのである。
各政党の試案が次々と発表される中で、東京文理科大学助教授、稲田正次や弁護士の海野晋吉を中心とする憲法懇談会の案が政府に提出されている。そして、この案の中で「日本国ハ軍備ヲ持タサル文化国家トス」といった条文が検討されていた。[*4]
これら、在野の学者、文化人を中心とした憲法草案を読むと、彼らが新生日本というものに期待し、その礎としての憲法にいかにして普遍的な価値観を埋め込もうと努力していたのかが分かる。これら「素人」の草案は、GHQの圧力の前で、極力明治憲法を残存させせようと腐心した官制の試案とは、根本的に異なった視座を持っていたことがうかがえる。一方、マッカーサーも、ケーディス、ホイットニーをはじめとするGHQ民政局の担当者も、パリ条約や国連憲章を念頭に理想的な憲法の実現を図ろうとしていた。

GHQ草案担当者のケーディスの貴重な証言が、『日本国憲法を生んだ密室の九日間』に収録されている。

「この憲法研究会案と尾崎行雄の憲法懇談会案は、私たちにとって大変参考になりました。実際これがなければ、あんなに短い期間に草案を書き上げることは、不可能でしたよ。ここに書かれているいくつかの条項は、そのまま今の憲法の条文になっているものもあれば、いろいろ書き換えられて生き残ったものもたくさんあります」[*5]

日本国憲法は民主主義と不戦に希望を見た日本人と日本に理想を埋め込もうとしたアメリカ人の合作であったことがよく分かる証言である。そして、それはそのまま日本の「普通」の人々の願いに接続されていった、とわたしは思う。そして、その理想の効果は戦後六十年という長きにわたって、発揮され続けたのである。

8　現実に回収される人々

わたしは、現行の憲法は何が何でも総体として変えてはならないと主張する護憲派ではない。いや、たとえ一字一句同じ憲法であったとしても、日本人はもう一度、憲法というものを自ら選び直す必要があると思っている。また、専守防衛の自衛隊の構想と、今のような自衛隊を育ててきたことを評価してもいる。その上で、自衛隊の存在意義を憲法に位置付けられればいいと思っているのである。

しかし、この間の改憲の議論を見ていて、「彼ら」には憲法を変えていただきたくないと思うのである。「彼ら」とは、世界の現実に合わせて、あるいはアメリカの極東軍事戦略に沿って、憲法第九条を変更して国軍を海外に展開したいと望んでいるもののすべてである。「それで、国が守れるのか」と、戦後六十年間、現行憲法の理念に希望を見出そうとしていた人々の声に恫喝を加えるもののすべてである。集団的な自衛権は、近代国家としての普遍的な権利であると主張する現実派のすべてである。

また、軍事力を外交交渉のカードとして使いたい戦略政治家のすべてでもある。そして、このような「常識」に賛意を示す善良なる日本人大衆である。

「彼ら」に共通しているのは、「現実」というものは、自分たちが作り出すものに他ならないという認識の欠如である。「現実」に責任をとるということは、「現実」に忠実であることではなく、「現実」を書き換えるために何をすべきであるのかと考え続けることである。そのように考える言葉を信頼するということである。憲法を自らの手で書き換えるためには、それにふさわしい言葉（守るべき国家）とその言葉への信頼が必要である。

この小論の冒頭にわたしは、憲法の問題は、その条文と日本が置かれている政治的現実との矛盾ということや、世界の常識との乖離というところにあるのではなく、日本人の憲法に対する信頼の問題ではないのかと書いた。さらに加えれば、それは日本人が「理念」や「理想」の言葉を信頼できるのかということにあると言いたかったのである。

いつから、わたしたちは、自分たちが受け継いできた言葉に対して、責任を持つよりは「絵空事じゃねぇか」という罵詈を投げつけるようになったのか。言葉を軽くしたのは、「彼ら」ではなかったのか。

戦後というものが終わりをとげ、経済的な繁栄を獲得した日本は、その代償として戦後的な価値観や倫理観といったものを劣化（劣化と言って悪ければ、反転と言ってもいい）させていった。それが、この二十年間の日本である。戦後的な価値観とは、何なのだと問われれば、それは目先の利得や覇権的な欲望を超えて、普遍的な価値観を作り上げてゆくための覚悟のようなものではなかったかと思う。敗戦直後の日本人は、自分たちの「現実」を超えた遠点に、「あるべき現実」を見据えたいと思っていたはずである。諸行無常。「現実」こそが絵空事に過ぎない。それが、日本人の倫理観を支えていた。

バブル経済の狂乱を経て、自分たちが謳歌している「現実」と、日本人が遠点に見た「現実」の価値観が、「普通」という言葉を挟んで反転した。

劇場の中の「現実」は、プロットの中にすでに用意されているかもしれない。しかしリアルな世界ではプロットが「現実」より先にあるのではない。

人間と「法」が「現実」を作り出し、その「現実」によって人間と「法」もまた影響を受けているのである。「現実」は人間が作り出してきた経過点であり、この経過点が続く「現実」を作り出す。

八〇年代初頭のイラン・イラク戦争で、アメリカがもし十年後の湾岸戦争という「現実」を知っていたなら、彼らはサダム・フセインを支援していただろうか。セプテンバー・イレブンという「現実」を予期していたなら、九〇年代にアメリカはタリバンに武器を供与しただろうか。イラン・イラク戦争にアメリカが介入し、アフガンでソ連を牽制するためにゲリラを支援した理由を並べることは可能である。しかし、いずれの場合もその時代の人間たちが「現実」の問題を解決するというかたちで、もうひとつの「現実」を作り出したことに変わりはないのである。

歴史の教訓が教えているのは、「現実」はいつも陰謀と闘争の歴史であったということではない。戦争そのものを否定するという迂遠な「理想」を軽蔑するものは、軽蔑されるような「現実」しか作り出すことはできないということである。

「現実」を創造してゆくという立ち位置を失えば、「現実」に回収される他はない。海外に戦力を展開しないで紛争解決の道を探るというのは、確かにひとつの「理想」である。しかし、「理想」をきれいごとだと笑うものは、「理想」を失ったうら寂しい「現実」の中でしか生きることができない。「現実」を作り出すのは「彼ら」だからである。もし「現実」の中にリスクがあるとするならば、リスクとは「彼ら」自身のことであるかもしれないという可能性を見落とすということである。これをわたしは「間の抜けた」現実認識だと言いたいのである。

「現実的」であるということの真の意味は、「現実」に迎合して考えるということではない。「理想」とは、ありえない空想ではなく、ありえたかもしれない「現実」である。どんな時代においても「理想」と「現実」というものは、同時に存在しているのであり、「現実的」であるとは、この引き裂かれた状態をどのようにして折り合いをつけ、やり繰りしてゆくのかという態度のことだとわたしは思う。「彼ら」はその意味では、折り合いを放棄して、「理想」を嘲笑することで「現実」に整合性を与えようとしているように見える。それを「普通」のことだと言う。わたしは、二律背反的である「理想」と「現実」に折り合いをつけるという、その言葉の本来の意味での「政治」に代えて、戦力の行使に問題解決の希望を見出そうという態度をこそ「理想主義」ではないかと思う。

そして、これが「彼ら」には憲法を変えていただきたくない理由なのである。

[注]

＊1　有田芳生『歌屋　都はるみ』文春文庫　一九九七年　二〇一頁
＊2　ロバート・マクナマラ／仲晃訳『マクナマラ回顧録』共同通信社　一九九七年　四三一頁
＊3　古関彰一『新憲法の誕生』中公文庫　一九九五年　一五頁
＊4　古関前掲書　七八頁
＊5　鈴木昭典『日本国憲法を生んだ密室の九日間』創元社　一九九五年　一五〇頁

追記　二〇〇六年の九条

本書が出版された二〇〇六年は、日本の戦後政治史上でも例外的に憲法改正論議が世間を賑わした年だった。勿論、憲法改正、自主憲法制定は日本の戦後政治を領導してきた自由民主党の党是でもあり、日米安保条約をめぐって自衛隊が違憲かどうか、あるいは米潜水艦の寄港の際の非核三原則への抵触の問題など、折に触れて九条が問題となることはあった。しかし〇六年の憲法論議は現実的というよりは、やや唐突な理念的な問題として憲法が俎上に載せられたという印象であった。その理由のひとつは、九月に就任した内閣総理大臣安倍晋三が「戦後レジームからの脱却」を掲げ、自分の内閣を「美しい国づくり内閣」と命名したことによっている。安倍晋三は、健康上の理由というよくわからない理由によって一年間で辞任してしまったのだが、いったいこの内閣が何を意味していたのかということに関しては、ほとんど誰も興味を示さなくなってしまっている。それに続く福田、麻生、鳩山、菅内閣はいずれも短命に終わっており、安倍内閣とはまさに短命内閣の始まりとしてだけ後世に記憶されるのかもしれない。

短命内閣の始まりとは、政治状況そのものがこの安倍内閣のときを境にして大きく変貌していったということを意味している。以後、政治状況は混迷し、国民の政治的関心は分散化して、専ら経済がすべての問題の帰趨を左右するといった経済優先、貨幣一元的な価値観が日本に支配的になっていった。つまり、二〇〇六年とは政治課題が政治課題として語られた戦後最後のエポックだったということである。

実は、二〇〇六年は、別の意味でも大変に象徴的な年であった。そのことの意味は、これから三十年、五十年を経過する中でより鮮明になってくるだろう。ただ、この時点では誰もその意味を深くは詮索していなかったように思う。その出来事とは、日本の総人口がこの年を境にして減少フェーズに入ったことである。この人口の増大局面から減少への転換は有史以来のことであり、それが何故起こり、何を意味しているのかに関しては、拙著『移行期的混乱』（筑摩書房）に詳しく書いた。要約すれば、人口減少とは日本という資本主義国家が完全な成熟段階に達したことの必然的な帰結であり、その結果として日本はもはや経済成長は望めない段階に入ったということである。これより先の数十年間は、あくまでも経済成長を志向する価値観とダウンサイジングを志向する価値観がさまざまな局面で角逐する長い移行期的な混乱の時代が続くだろうというのが同書の趣旨であった。年金の問題や、老人介護の問題がこれまでのシステムの延長上には描けなくなるのは時間の問題だろう。それは、日本だけの問題ではなく、西側先進国が必ず辿る問題であり、現在急成長を遂げている中国やブラジルもまたやがて直面しなければならない問題でもある。

そのような歴史的な移行期の中で、憲法の持つ意味も変化することになるはずである。なぜなら、日本国憲法の背景に現実的な問題として横たわり続けていた日米関係そのものが政治的な理由とは別の理由によって変化せざるを得ない状況が生まれてきているからである。二〇〇八年の米国の金融システムの破綻と米国の覇権の失墜は、その変化の兆候のひとつであり、二〇一〇年以降、北アフリカ、アラブ世界で起きた「革命」もまた歴史的な変化のあらわれであるだろう。このような歴史的な変化の時代に、まさに戦後レジームを基礎づけた日米関係も、日本国憲法もその意味を変容させてきている。

安倍晋三が気負って「脱却」と言うまでもなく、戦後レジームはすでに別な理由で、別なものに変容してしまっているのである。したがって、日本国憲法の現在について考えることは、それを戦後レジームの中に置いて考えるということではなく、現在の移行期的な混乱期の中に置き直してみるということに他ならない。それは、世の中の変転のなかにおける「法」の役割とは何かということを考えることでもあるだろう。変転の時代において、戦後体制を基礎づけた憲法の条文はもはや色あせたものになってしまっているのだろうか。わたしには、古色を帯びた憲法の条文は失われつつある文化遺産のように、大切に保存すべき精神的な遺産になりつつあるように思えるのである。

ところで、本書執筆の一年後に、私は朝日新聞の求めに応じて本書に記したことのエッセンスのような文章を投稿した。その投稿は意外に大きな反響をよび、様々な意見が寄せられた。中には脅迫状めいたものもあり、なるほど憲法はアンタッチャブルの案件だったのだと、あらためて了解した。しかし、憲法について論じることは人を感情的にしたり、ときに凶暴な反応を生じさせたりするからアンタッチャブルであるという背景は、本質的にはすでに述べたように失われているのである。憲法についての落ち着いた本質的な議論が、この移行期的な混乱の時代にこそ必要になってきていると思う。現実が変化し、将来に理想が持てなくなった時代において「理想論としての憲法」の持つ意味は、語るに値することだろうと思う。

以下参考のために、二〇〇七年一月十三日の朝日新聞朝刊に掲載されたものをここに再度掲載しておきたい。わたしの考え方はこのときとほとんど変わっていない。

理想論で悪いのか——憲法の立ち位置

国論を二分するような政治的な課題というものは、どちらの側にもそれなりの言い分があり、どちらの論にも等量の瑕疵があるものである。そうでなければ、国論はかようにきっぱりとは二分されまい。国論を分けた郵政民営化法案の場合も、近頃かまびすしい憲法の場合も、重要なのはそれが政治課題となった前提が何であったかを明確にすることであり、第三の可能性が何故排除されたかについて配慮することである。政治は結果であるとはよく言われる。仮に筋の通らぬ選択をしたとしても、あるいは個人の心情がどうであろうとも、結果において良好であればよしとするのが、政治的な選択というものだろう。ただし、結果は結果であって、希望的な観測ではない。アメリカのイラク介入の結果を見るまでもなく、しばしば自分が思うことと違うことを実現してしまうのが、人間の歴史というものである。

その上で、憲法改正の議論をもう一度見直してみる。戦争による直接の利得がある好戦論者を除外すれば、この度の改憲問題は反対派も賛成派も平和で文化的な国民の権益を守るという大義によってその論を組み立てている。護憲派は、広島、長崎に被爆の体験を持つ日本だからこそ、世界に向けて武力の廃絶を求める礎としての現行憲法を守ってゆくべきであると主張し、改憲派は昨今の国際情勢の中で国益を守るには戦力は必須であり、集団的自衛権を行使できなければ、国際社会へ応分の責任を果たすこともできない、と主張する。なるほど、どちらにもそれなりの正当性があり、等量の希望的な観測が含まれている。しかし将来起こりうるであろうことを基準にして議論をすれば、必ずこうなるわけである。では、確かなことはないのかといえば、それは戦後六十年間、日本は一度も戦火を交えず、結果として戦闘の犠牲者も出していないという事実がこれにあたる。政治は結果と効果で判断すべきというのであれば、私は、この事実をもっと重く見てもよいのではないかと思う。これを国益と言わずして、何を国益と言えばよいのか。

「過去はそうかも知れないが、将来はどうなんだ」と問われるであろう。現行の憲法は理想論であり、もはや現実と乖離しているといった議論がある。私は、この前提には全く異論が無い。その通りだ。確かに日本国憲法には国柄としての理想的な姿が明記されており、それを世界に向けて宣言したという形になっている。理想を掲げたのである。そこで、問いたいのだが、憲法が現実と乖離しているから現実に合わせて憲法を改正すべきであるという理路の根拠は何か。もし、現実の世界情勢に憲法を合わせるのなら、憲法はもはや法としての威信を失うだろう。憲法はそもそも、政治家の行動に根拠を与えるという目的で制定されているわけではない。政治家が変転する現実の中で、臆断に流されて危ない橋を渡るのを防ぐための足かせとして制定されているのである。当の政治家が、これを現実に合わぬと言って批判するのはそもそも、盗人が刑法が自分の活動に差し障ると言うに等しい。現実に法を合わせるのではなく、「法」に現実を合わせるというのが、法制定の根拠であり、その限りでは、「法」をないがしろにする社会の中では、「法」はいつでも「理想論」なのである。

本書は、二〇〇六年三月に毎日新聞社より刊行された。

大人は愉しい　内田樹　鈴木晶

大学教授がメル友に。他者、映画、教育、家族――批判だけが議論じゃない。「中とって」大人の余裕で生産的に。深くて愉しい交換日記。

橋本治と内田樹　橋本治　内田樹

不毛で窮屈な議論をほぐし直し、「よきもの」に変える成熟した知性が、あらゆることを語りつくす。伝説の対談集ついに文庫化！　（鶴澤寛也）

二十世紀（上）　橋本治

戦争とは？　革命とは？　民族・宗教とは？　私たちにとって二十世紀とは何だったのかを、一年ごとの動きを追いながら、わかりやすく講義する。

二十世紀（下）　橋本治

私たちの今・現在を知る手がかりがいっぱい詰まった画期的な二十世紀論。身近な生活から、大きな歴史の動きまでをダイナミックに見通す。

USAカニバケツ　町山智浩

大人気コラムニストが贈る怒濤のコラム集！　スポーツ、TV、映画、ゴシップ、犯罪……。知られざるアメリカのB面を暴き出す。　（デーモン閣下）

底抜け合衆国　町山智浩

疑惑の大統領選、9・11、イラク戦争……2000―04年に発表されたコラムを集める。住んでみて初めてわかったアメリカの真実。　（内田樹）

映画は父を殺すためにある　島田裕巳

〝通過儀礼〟で映画を分析することで、隠されたメッセージを読み取ることができる。宗教学者が教える、ますます面白くなる映画の見方。　（町山智浩）

ワケありな国境　武田知弘

メキシコ政府発行の「アメリカへ安全に密入国するための公式ガイド」があるってほんと⁉　国境にまつわる60の話題で知る世界の今。

国マニア　吉田一郎

ハローキティ金貨を使える国があるってほんと⁉　私たちのありきたりな常識を吹き飛ばしてくれる、世界のどこか変てこな国と地域が大集合。

「戦艦大和」の最期、それから　千早耿一郎

『戦艦大和ノ最期』の執筆や出版の経緯を解き明かし、日本銀行行員・キリスト者として生きた著者吉田満の戦後の航跡をたどる。　（藤原作弥）

甘粕大尉 増補改訂　角田房子
関東大震災直後に起きた大杉栄殺害事件の犯人、甘粕正彦。後に、満州国を舞台に力を発揮した伝説の男、その実像とは？（藤原作弥）

責任 ラバウルの将軍今村均　角田房子
ラバウルの軍司令官・今村均。軍部内の複雑な関係、戦地、そして戦犯としての服役。戦争の時代を生きた人間の苦悩を描き出す。（保阪正康）

第二次大戦とは何だったのか　福田和也
第二次大戦は数名の指導者の決断によって進められた。グローバリズムによって世界の凝集と拡散が進む今日、歴史の教訓を描き出す。（斎藤健）

軍事学入門　別宮暖朗
「開戦法規」や「戦争（作戦）計画」、「動員とは何か」、「勝敗の決まり方」など〝軍事の常識〟を史実に沿って解き明かす。（住川碧）

誰が太平洋戦争を始めたのか　別宮暖朗
戦争を始めるには膨大なペーパー・ワークを伴う「戦争計画」と、それを処理する官僚組織が必要である。その視点から開戦論の常識をくつがえす。

東條英機と天皇の時代　保阪正康
日本の現代史上、避けて通ることの出来ない存在である東條英機。軍人から戦争指導者へ、そして極東裁判に至る生涯を通して、昭和期日本の実像に迫る。

孫文の辛亥革命を助けた日本人　保阪正康
百年前、辛亥革命に協力し、アジア解放の夢に一身を賭した日本人がいた。彼らの義に殉じた生涯を、激動の時代を背景に描く。（清水美和）

昭和史探索（全6巻）　半藤一利編著
名著『昭和史』の著者が第一級の史料を厳選、抜粋。時々の情勢や空気を一年ごとに分析し、書き下ろしの解説を付す。《昭和》を深く探る待望のシリーズ。

占領下日本（上）　半藤一利／竹内修司／保阪正康／松本健一
１９４５年からの７年間日本は「占領下」にあった。この時代を問うことは戦後日本を問いなおすことである。天皇からストリップまでを語り尽くす。

占領下日本（下）　半藤一利／竹内修司／保阪正康／松本健一
日本の「占領」政策では膨大な関係者の思惑が錯綜し揺れ動く環境の中で、様々なあり方が模索された。昭和史を多様な観点と仮説から再検証する。

ちくま文庫

9条《じょう》どうでしょう

二〇一二年十月十日　第一刷発行

著　者　内田樹（うちだ・たつる）
小田嶋隆（おだじま・たかし）
平川克美（ひらかわ・かつみ）
町山智浩（まちやま・ともひろ）

発行者　熊沢敏之
発行所　株式会社　筑摩書房
東京都台東区蔵前二―五―三　〒一一一―八七五五
振替〇〇一六〇―八―四一二三
装幀者　安野光雅
印刷所　中央精版印刷株式会社
製本所　中央精版印刷株式会社

乱丁・落丁本の場合は、左記宛にご送付下さい。
送料小社負担でお取り替えいたします。
ご注文・お問い合わせも左記へお願いします。
筑摩書房サービスセンター
埼玉県さいたま市北区櫛引町二―六〇四　〒三三一―八五〇七
電話番号　〇四八―六五一―〇〇五三

© TATSURU UCHIDA, TAKASHI ODAJIMA, KATSUMI HIRAKAWA, TOMOHIRO MACHIYAMA 2012 Printed in Japan

ISBN978-4-480-42994-0 C0132